I0153739

PROCES

DU CHEVALIER

DE LA BARRE,

Décapité à Abbeville, à l'occasion de
la mutilation d'un Crucifix.

seconde Edition.

A HAMBOURG.

1782.

AVANT-PROPOS

DE
L'EDITEUR ANGLAIS.

Nous entreprenons de donner un Recueil complet de tout ce qui a paru dans le public sur la malheureuse affaire d'Abbeville en France. Nous le donnons sans aigreur, sans partialité, à charge & à décharge. Nous mettons les pièces sur le Bureau, comme feroit le Rapporteur le plus exact. Les vues d'équité qui nous animent, l'ardeur que nous avons à faifir par-tout la vérité, nous ont engagés à nous procurer fur les lieux des correfpondances fûres & refpectables qui, ayant été à portée de pénétrer le fecret de la procédure criminelle, fe font donnés la peine de vérifier, de rectifier tout ce qui a déjà été imprimé, & fe font empreffés même de nous fournir des matériaux inconnus, très-précieux, & des anecdotes neuves très intéreffantes & très-propres à jetter le plus grand jour fur toutes les parties de ce fameux procès. Nou

croyons pouvoir affurer que
l'horreur & l'indignation,
jufte ou non jufte, que la
majeure partie de l'Europe
montre encore aujourd'hui
contre le jugement qui a
condamné au feu les deux
jeunes coupables, fe retrou-
ve à Abbeville même, dans
toute la partie faine, éclairée & nombreufe des hon-
nêtes gens de cette Ville
confidérable. On nous a fait
même remarquer que lorf-
que les cendres du Cheva-
lier de la Barre fumoient encore, il parut ouvertement
dans cette Ville une Hiftoire très-philofophique du

Comté de Ponthieu, dont elle eſt la Capitale, dans laquelle, par une ſorte de diſgreſſion, on trouve ce paſſage : „ les Français aſſiegés „ dans Sueſſe par les Eſpa- „ gnols, étoient prêts à ſe „ rendre par la diſette d'eau „ douce ; des Sorciers traî- „ nent le Crucifix par les „ rues, lui diſant mille inju- „ res & blaſphêmes, & le „ jettent à la mer. Après „ cette cérémonie déteſta- „ ble, il tomba, dit-on, „ une pluie ſi violente, que „ les Eſpagnols furent obli- „ gés de lever le ſiège. Et „ qu'on ne croie point que

,, c'étoit ici une chofe extra-
,, ordinaire : non, cette cou-
,, tume de traîner les Cruci-
,, fix & les images en la ri-
,, viere, pour avoir de la
,, pluie, fe pratiquoit en-
,, core en Gafcogne ; je l'ai
,, vû faire à Touloufe, dit
,, l'Auteur cité, en plein
,, jour, par les petits en-
,, fans, qui appellent cela la
,, *Tire-maffe*,". L'Auteur de
l'Hiftoire ajoûte à ceci quelques réflexions remarqua-
bles : ,, C'étoit donc dans
,, cette même Ville (Tou-
,, loufe) où l'on a fait juf-
,, qu'ici une proceffion cha-
,, que année en action de

,, graces du meurtre de six
,, mille Proteſtants, & où
,, l'innocence expira de nos
,, jours ſous les coups du fa-
,, natiſme, que l'on inſultoit
,, ſi horriblement à la Divi-
,, nité. C'eſt dans le même
,, tems où l'on brûloit les
,, Sorciers, que ſe commet-
,, toient avec appareil ces
,, horreurs impunies & par
,, conſéquent autoriſées &c.

Il réſultoit de cette expo-
ſition une réflexion plus fra-
pante encore ſur-tout dans
les circonſtances, & que
l'Auteur laiſſoit faire, c'eſt
qu'il ſembloit qu'on pût reprocher aux dévots d'avoir

été bien plus loin par fuperftition , qu'on n'avoit fait à
Abbeville par incrédulité,
& d'avoir puni tout récem-
ment par le dernier fupplice
une infulte que , quoique
bien plus grave , la piété cé-
lébroit deux fiècles auparavant par des éclats bruyans,
&c.

Mais ces autres réflexions
qui terminoient cette Hiftoire , fembloient encore
plus directes : „ Puiffe l'Hif-
„ torien qui nous fuivra,
„ n'avoir plus à peindre les
„ horreurs des guerres civi-
„ les, ni les fuites peut-être
„ plus cruelles du fanatifme.

,, Puiffe-t-on ne plus voir
,, les Citoyens d'une même
,, Ville divifés, fe profcrire
,, & chercher dans les fe-
,, crets de la Religion des
,, motifs de cruauté & de
,, vengeance qui la désho-
,, norent ".

Nous ignorons fi le Juge d'Abbeville fe fit l'applica-tion de ces réflexions ; mais ce qu'il y a de certain, c'eft qu'il fit folliciter vivement à Paris, la fuppreffion de cet-te Hiftoire. Elle trouva heu-reufement dans le Secretai-re du Magiftrat qui préfidoit alors à la Librairie, & dans les lumieres mêmes de ce

Magiſtrat, un appui ſolide.

On ne doit donc pas croire que la Ville où expira le Chevalier de la Barre, fût alors dépourvue de connoiſſances & de Philoſophie. Athènes n'en manquoit pas lorſque les *Thermes* y furent mutilés, & peut-être ne peut-on rien trouver de ſi ſemblable à l'affaire du Crucifix d'Abbeville, que celle des *Thermes* d'Athènes, ſi l'on veut y faire attention, en laiſſant toutefois à part la vérité des objets du culte Catholique, comme on le doit. Nous allons mettre nos Lecteurs à portée d'en faire la comparaison avec nous.

Les *Thermes*, ou Statues de Mercure, faites de pierre d'une figure quarrée, qu'on plaçoit devant les portes des maisons, furent toutes détruites ou mutilées en une nuit. Ce sacrilège causa dans Athènes un très grand trouble. La vengeance en fut poursuivie avec éclat, & on reçut les dépositions mêmes des étrangers & des esclaves sans qu'on pût pour cela déchirer le voile qui couvroit cet attentat. Mais les ennemis d'Alcibiade profiterent de cette circonstance pour le perdre. Quelques artifans obfcurs, féduits par un nommé Androcles, l'un des Démagogues, dépofent que quelque tems avant cet éve-nement, les facrés myftères avoient été profanés par une troupe de jeunes Libertins, dans l'yvreffe, & qu'Alci-biade qui étoit du nombre, avoit lancé les farcafmes les plus amers contre les Dieux, & leurs adorateurs. Alors, on recherche la vie licencieufe du jeune Athé-nien ; on la donne en preu-ve de l'infulte faite aux Ter-mes ; on le cite devant les Magiftrats. Un des compli-ces, nommé Andocidas, s'avoue coupable du crime ; on lui pardonne. Mais comme il faut & au peuple & aux Dieux outragés une victime, on condamne à la mort tous ceux qu'Andocidas accuse d'impieté, & Alcibiade lui-même, disciple de Socrate, Général de l'armée, est forcé de s'exiler chez les Spartiates, pour se dérober à ces condamnations.

Ainsi, à Athènes comme à Abbeville, même évenement. La mutilation des Statues dont on n'a jamais découvert les Auteurs, a donné lieu à d'autres recherches, à d'autres plain-

tes : à Abbeville comme à
Athènes, on reçut des dépofitions à l'infini. Ces dépofitions dans l'une & l'autre
Ville, dans l'une & l'autre
région, dans l'un & l'autre
fiècle, annoncerent d'autres
impiétés commifes dans l'y-
vreffe, & pour lefquelles le
fupplice fut ordonné. Enfin
à Abbeville comme à Athè-
nes, la vengeance parti-
culiere influa beaucoup fur
le jugement. De la Barre fut
chargé par la haine comme
Alcibiade, tant il femble
que les crimes les plus fin-
guliers fe reproduifent de
loin en loin, & femblent

participer aux mêmes loix générales qui perpétuent le mouvement de la Nature entiere.

Nous autres Anglais à qui on reproche avec raison les massacres d'Irlande , & tant d'autres barbaries qui ne le cedent peut-être pas aux barbaries fanatiques des autres Nations , nous nous glorifierons du moins d'avoir vû luire dans notre Isle le beau jour de la Philosophie depuis qu'il nous éclaire , sans ces nuages affreux qui l'ont obscurci dans la France & dans la Gréce. C'est en France , il est vrai , que le célèbre Montefquieu a dit : *honorez la Divinité, & ne la vengez jamais.* Mais c'eſt en Angleterre que ce trait de lumière ne fera pas perdu, que cette autre maxime de Ciceron : *Deorum injuriæ, Diis curæ,* demeurera gravée dans le cœur de tous nos Magiſtrats, & infcrite dans tous nos livres de jurifprudence, au mot, LEZE-MA-JESTÉ DIVINE, qui occupe tant de place dans le Code de Jurifprudence des Nations voifines.

L'ordre que nous avions à fuivre dans ce Recueil, nous étoit indiqué par celui

des faits. Nous préfentons
les pièces felon le tems où
elles fe font produites. Nous
les lions les unes aux autres
par quelques réflexions,
quand nous le croyons né-
ceffaire. C'eft une hiftoire
que nous écrivons par ce
moyen, en apportant à chaque inftant les pièces jufti-
ficatives.

RECUEIL
INTERESSANT.

L'USAGE de placer des Crucifix au coin des Carrefours & sur les Ponts, est abusif sans doute. Si les Catholiques sont flattés de trouver de moment en moment sur leur passage les objets de leur vénération & de leur culte, n'est-il pas à craindre que les Juifs, les Hérétiques, tous les Incrédules qui fréquentent ces passages, n'y trouvent aussi sans cesse un sujet propre à exciter leurs déclamations ? Mais cet usage enfin paroît être ancien. Les Esclaves, à Rome, trouvoient aux piéds des Statues de leurs Empereurs, une sauve-garde contre leurs tyrans. Les vassaux Chrétiens, dans les troubles de la féodalité, s'abrioient auprès des Crucifix, contre l'ardeur de leurs Seigneurs à les pourfuivre en pleine campagne, & à les tailler en pièces. Le même motif qui laiffoit le peuple Romain voir avec plaifir fe multiplier fur les places publiques les Statues que la lâcheté, la baffeffe du Sénat élévoit fouvent aux plus indignes de fes Maîtres, put porter les peuples guerriers de la Picardie, indépendamment d'une piété réelle, à planter par-tout des Crucifix, comme autant de retranchemens faciles, affurés contre la violence.

Les troubles de la Ligue, toutes ces Proceffions fanatiques, où avec le capuchon, le moufquet fur l'épaule, & la *chauffe* du tems, mife en forme de mafque fur le vifage, on fe repofoit de diftance en diftance pour fe déchirer le corps à coups de fouet, ont donné lieu depuis, d'un autre côté, à ces petits Oratoires, à ces *Ecce Homo*, qui fe font produits dans les Villes & dans les Campagnes, à côté des Crucifix. Les Miffionnaires Jéfuites enfin, qui ont été introduits particulièrement par des Evêques qui leur étoient attachés dans cette partie de la Picardie, qui eft du Diocèfe d'Amiens, en affectant de cou-

ronner toujours l'œuvre de leurs Miſſions par l'élévation d'un Crucifix,
comme pour laiſſer un monument durable de leur ſéjour, ainſi que les la Condamine élévoient des Pyramides en partant de Quitto, ont contribué encore
à multiplier les Crucifix dans cette
Province, plus peut-être que dans bien
d'autres de France. On compte dans
Abbeville quatorze à quinze Crucifix
expoſés à la vénération publique, dans
les rues, ſur les ponts. Pluſieurs ſont
dûs à ces Miſſionnaires Jéſuites dont
nous parlons, & particulièrement à un
Pere Dupleſſis, Canadien, qui fut célèbre dans cette Société. Celui dont il va
être ici queſtion, étoit placé ſur le pontneuf d'Abbeville, à peu d'élévation ;
& en le retirant mutilé de ce lieu, pour
le placer dans un lieu ſaint, on l'a remplacé par un autre Crucifix. Voici les
deux Plaintes qui, de la part du Miniſtère public, ont commencé l'inſtruction de la fameuſe affaire de cette mutilation.

PREMIERE PLAINTE.

Du 10 Août 1765.

A Tous ceux qui ces préfentes Lettres verront: Benoît-Alexandre, Comte de Monchy, Chevalier, Baron de Vifmes, Seigneur de Sailli, Flibaucourt & autres lieux, Sénéchal du Pays de Ponthieu : Salut. Savoir faifons que, vû la Plainte à nous préfentée cejourd'hui par le Procureur-du-Roi, expofitive, qu'ayant pris communication du procès-verbal par nous dreffé cejourd'hui, il auroit appris que la nuit du 8 au 9 de ce mois, un ou plufieurs particuliers auroient pouffé l'infolence & l'impiété au point de mutiler le Crucifix qui fe trouve placé fur le milieu du pont-neuf de cette Ville ; qu'ils auroient fait au-deffous de l'eftomac, du côté gauche du Crucifix & un peu plus bas, quatre coupures ou incifions avec un inftrument long & tranchant, tel que fabre ou couteau de chaffe ; qu'ils auroient fait en outre, avec le même

inſtrument , à la jambe droite , trois
coupures où inciſions de plus d'un pouce
de longueur , & de trois ou quatre li-
gnes de profondeur ; qu'il a appris en
outre qu'ils ſe ſont enſuite rendus dans
le Cimetière de Sainte Catherine , dans
lequel ils ont couvert d'ordures le Crucifix qui s'y trouve ; qu'il ſait enfin que
de jeunes gens ſe ſont vantés d'avoir
commis des impiétés encore plus grandes que celles ci-deſſus relatées ; & ,
comme il eſt important de ne pas laiſſer
de ſemblables forfaits impunis , & de ne
rien négliger pour en découvrir les auteurs , à ces cauſes , a requis le Procureur-du-Roi qu'il nous plaiſe lui donner
acte de ſa plainte des faits ci-deſſus ,
circonſtances & dépendances , lui permettre d'en faire informer pardevant
nous , même d'obtenir & faire publier
monitoire en forme de droit ; ladite
plainte ſignée Hecquet. Vu ladite plainte , nous avons donné acte de la plainte ,
permis d'informer du contenu en icelle ,
circonſtances & dépendances , même
d'obtenir & faire publier monitoire en
forme de droit ; ce qui ſera exécuté ,
nonobſtant oppoſition ou appellation

quelconques & fans préjudice d'icelles, attendu qu'il s'agit d'inftruction. Donné & expédié à Abbeville, pardevant nous Nicolas-Pierre Duval, Sieur de Soicourt, Lieutenant-Particulier, Affeffeur - Criminel en la Sénéchauffée de Ponthieu & Siège Préfidial d'Abbeville, pour la vacance de l'Office de Lieutenant - Criminel, le 10 Août 1765. *Signé*, MARCOTTE, avec paraphe, Commis-Greffier, pour la vacance du Greffe Criminel. Scellé *gratis*. A Abbeville le 12 Août 1765. *Signé*, DuMONTIER.

TEMOINS

Entendus dans l'Information du 13 Août 1765.

1 CHolet, [Denis] Perruquier.
2 Naturé, [Etienne] Maître en fait d'Armes.
3 Duvanel, [Charles] dit la Bredaine, Perruquier.
4 Difembourg, [Jean - Baptifte] Bourrelier.

5 Le Long, [Marie - Antoinette] femme de Racine.

6 Racine, [Pierre] Maître de Billard.

7 Bacchelier. [Jeanne-Agnès]

8 Dimpre, [Jean - Jacques] dit Marin, Perruquier.

9 Danzel. [Jean]

10 Le Febvre de Vadicourt. [Pierre]

11 Joffe, [Marie-Anne] femme de Charles le Blond.

12 Calais, [Pierre] Plaqueur.

13 Grévin, [Pierre - Ovide] Concierge de Madame de Popencourt.

14 Caillaud, [Paul] Revendeur de Meubles.

15 Mazure. [Jean]

16 Le Blond. [Louis]

17 Leuillier. [Marie-Madelaine]

18 D'Auxi, [Marie] femme de Jean le Febvre.

19 Hokemberg fils, [Jean] Contre-maître à la M. de MM. de V.

20 Dumaisniel de Belleval. [Charles-François]

21 Duvanel. [Madelaine]

22 Moinel. [Charles-François-Marc]

B

23 Cayet, [Marie – Catherine] dite Cayette.

24 Le Cat. [Nicolas]

25 Mauvoifin. [Pierre-Louis]

26 Geft, [Marie-Catherine-Véronique] veuve d'André Fréville.

27 Le Febvre. [Jean]

28 Formentin, [Daniel – François] Avocat du Roi.

29 Dumontois, [Marc-Antoine] Directeur de la Pofte.

30 Blondin, [Felix-Nicolas-Valeri] Seigneur de Bréville.

31 Beauvarlet, [Philippe] Sieur de Drucat.

32 Beauvarlet, [Philippe – Louis-Adrien]

33 Douville, [Pierre-Jean-François] Sieur de Maillefeu.

34 Becquin, [Charles-Philippe] Seigneur de Nampont.

35 Le Febvre, [François – Jean] Sieur de la Barre.

36 Dupont, [Louis] Caffetier.

37 Bernonville. [Marie-Barbe]

38 Contet. [Jean-Jofeph]

39 Deftré. [Nicolas-Honoré]

40 Lavallée, [Lazard-Nic.] Perruq.

41 Libaude. [Antoine-Vulfran]
42 Graire. [Jean-Charles]
43 Thomas. [Pierre]
44 Heluin. [Pierre]
45 De la Porte. [Claude]
46 Legras , [Pierre] dit Desjardins.
47 Ducatel. [Théodore]
48 Bethune. [François]
49 Legrand. [Antoinette]
50 Copart. [Marie-Marguerite]
51 Ternifien. [Jean-Joffe]
52 Duflos. [Nicolas - Jean -Vulfran-
     François]
53 Lecouvée. [Antoine]
54 Dubos. [Charles]
55 Polenne. [Firmin]
56 Ricart. [Marc-Suzanne]
57 Fourdrin. [Jean]
58 Segret. [Agnès]
59 Freville , dit Bacquet.] Robert-
     François]
60 Doliger. [Jean]
61 Dumaifniel de Belleval pere. [Char-
     les-Joseph]
62 Flamen. [Jean-Charles-Urbain]
63 Le Franc. [Marie-Louife]
64 Bloche. [Ignace]
65 Baringer. [Marie-Françoife]

66 Godart de Beaulieu, [Jean-Louis]
Commandeur de l'Ordre de
Malthe.

67 Levéque de Neuvillette, [Pierre-
Charles - Alexandre] Capitaine
d'Infanterie.

68 Aliamet de Metigni. [Nicolas-An-
toine-François]

69 Maneffier de la Vieuville. [Marie-
Elizabeth]

70 Maneffier de la Vieuville. [Marie-
Madelaine-Félicité]

71 Coupe, dit Saint-Etienne, [Mi-
chel] Domeftique de Madame
l'Abbeffe de Willancourt.

72 Vergnoles, [Jacques] Plaqueur.

73 Petignat, [Catherine] fille d'un Fa-
bricant de métier à faire des bas.

74 Capet, [Jean-Louis] Aubergifte.

75 Meffier. [Jean]

76 Dumaifniel de Saveufe. [Pierre-
François]

77 Maneffier de Selincourt. [Jean-
Baptifte-Marie]

———————————————

Pendant que le Juge inftruifoit le
Procès, feu M. de Lamotte, Evêque

d'Amiens, Prélat d'une piété fort renommée, fut vivement sollicité par le Clergé Abbevillois, par des Magistrats & par quelques personnes pieuses & de considération, de venir faire à Abbeville une Amende-honorable pour appaiser la colère céleste. Il se rendit à leurs sollicitations, après s'être assuré cependant que les Corps de la Ville desiroient également cette démarche, & se trouveroient à cette cérémonie. Voici l'Amende-honorable qu'il fit en cette occasion.

AMENDE-HONORABLE.

Pénétré, ô mon Dieu, des outrages que vous ont fait quelques impies, en frappant l'image sainte de votre corps adorable, cloué à la croix pour le salut de tous les hommes, je vous en fais ici une amende honorable en réparation d'honneur.

Combien n'est-il pas douloureux de voir des Chrétiens qui ne doivent ce titre précieux qu'aux mérites d'un Dieu crucifié, porter l'ingratitude jusqu'à l'outrager même dans son image sur la Croix ! Ils se sont par-là rendus DIGNES

DES DERNIERS SUPPLICES en ce monde, & des peines éternelles en l'autre ; mais parce que nul péché n'est irrémissible auprès de votre miséricorde , ô mon Dieu, quand elle est sollicitée par les mérites infinis de Notre-Seigneur Jesus-Christ , nous réclamons cette même miséricorde & ces mêmes mérites, pour obtenir la conversion de ceux qui ont commis une si grande impiété. Faites leur grace, ô mon Dieu, changez leurs cœurs de pierre en cœurs de chair, afin que reconnoissant leur noirceur , ils viennent se joindre à nous pour la pleurer & la détester ; que si malheureusement ils endurcissent leurs cœurs, jusqu'à ne plus écouter votre voix, daignez recevoir en dédommagement de leurs outrages, l'hommage de notre adoration, ainsi que celui d'un amour tendre & constant, que nous vous promettons aux pieds de ce Christ même, qui a été outragé. C'est dans ces sentimens que, moyennant votre sainte grace, nous voulons vivre & mourir, pour n'être jamais séparés de vous, ni dans le tems, ni dans l'eternité. Ainsi soit-il.

Nous Evêque d'Amiens , accordons quarante jours d'indulgence à ceux & celles qui visiteront le Christ outragé , lequel a été transporté dans l'Eglise Royale & Collégiale de Saint Vulfran , & y diront , ou le *Vexilla Regis* , ou l'Amende-honorable ci-dessus , ou cinq *Pater* & cinq *Ave* , à leur choix , tous les Vendredis de l'année. Les Religieux & les Religieuses gagneront la même indulgence, en faisant les mêmes prieres à un Christ que leur Supérieur désignera. Ceux & celles qui seront retenus dans leurs maisons par leurs infirmités , à tel Christ qu'ils choisiront eux-mêmes ; le tout à perpétuité. Donné à Amiens , ce douze Septembre mil sept cens soixante-cinq. *Signé* , † LOUIS-FRANÇOIS - GABRIEL , Evêque d'Amiens. *Par Monseigneur* , MAURICE , Secretaire.

_____

On ne sauroit nier que cette auguste cérémonie , faite pieds nuds, la corde au col, par un Evêque mort en odeur de sainteté , à laquelle le Sénéchal du Ponthieu vint exprès de sa campagne

pour affister à la tête de sa Compagnie
& du Corps Municipal, fuivis d'un
peuple innombrable, échauffa beaucoup
les esprits. Auffi remarqua-t-on que
le Prélat avoit déjà prononcé hautement fur le fort des coupables, en difant *qu'ils s'étoient rendus dignes des derniers fupplices en ce monde.* Les indul-
gences que M. de Lamotte accordoit,
font du douze Septembre. Une feconde plainte fut rendue dès le lendemain
par le Miniftère public. L'information
faite fur la premiere n'avoit rien appris,
de ce qui en faifoit l'objet. Les témoins
entendus n'avoient fait mention que de
chofes étrangéres à la mutilation dont
il s'agiffoit de découvrir les Auteurs.
Sans la Proceffion Générale, que M.
l'Evêque avoit toujours déclaré ne vouloir faire qu'autant que les Corps y
affifteroient, on auroit pu en refter là,
& laiffer ce fecret dans l'ombre dont il
étoit & eft encore couvert. Mais les
confciences étoient allarmées par le monitoire qu'on voyoit fulminer, par l'A-
mende-honorable imprimée qu'on dif-
tribuoit ; on pouvoit fe flatter d'un
meilleur fuccès en informant encore.

SECONDE PLAINTE.

Du 13 Septembre 1765.

REmontre le Procureur-du-Roi de ce Siège, qu'il a appris qu'un jeune-homme, demeurant en cette Ville, ayant été voir il y a environ six semaines ou deux mois le sieur Beauvarlet, ancien Marchand, résident actuellement à l'Abbaye de Willancourt, ce jeune-homme remarquant dans la chambre dudit sieur Beauvarlet un Crucifix de plâtre, lui demanda s'il vouloit lui vendre ce Crucifix; que le sieur Beauvarlet lui ayant demandé ce qu'il en vouloit faire, il répondit que c'étoit pour le briser; qu'il a appris en outre que le même jeune-homme, accompagné de deux autres jeunes gens de cette Ville, s'étant trouvé sur la Place de Saint-Pierre le jour de la Fête-Dieu derniere, dans le moment où la Procession du Saint-Sacrement sortoit de l'Eglise de Saint-Pierre, ces trois jeunes gens passerent devant le Saint-Sacrement sans

B 5

ôter leur chapeau & fans fe mettre à
genoux ; & qu'ils s'en font vantés depuis, comme s'ils euffent fait une belle
action ; qu'il fait qu'il y en a d'entr'eux
qui ont tenu des difcours & fait d'autres
actions impies.

Et comme il eft effentiel, &c.

L'objet en partie de cette Plainte
n'étoit-il pas un peu vague ? Informer
fur des difcours & autres actions impies,
n'étoit-ce pas armer tous les Citoyens
les uns contre les autres ? N'étoit - ce
pas les engager à trahir les fecrets de
l'intimité, les exciter à faire une forte
de confeffion générale, non pas de
l'état de leur confcience, mais de ce
qu'ils avoient appris de celle d'autrui ?
Qu'eft - ce qu'il falloit entendre d'ailleurs par des difcours & actions impies,
alors que le bruit des miracles prétendus que faifoit le Chrift mutilé,
excitoit un Peuple qui fe portoit en
foule dans le Temple où il étoit placé ;
un Peuple tumultueux, qui voyoit un
Chrift outragé roulant les yeux & faifant effort pour s'arracher de la croix ;

un Peuple qu'il fallut contenir par des
gardes? Auffi, dès que le fecret de cette
plainte fut répandu, une foule de Citoyens quitterent la Ville. On fembloit
fe rappeller qu'un Roi d'Efpagne com-
mit une impiété en laiffant échapper un
gémiffement fur le fort de quelques malheureux Juifs qu'on alloit brûler dans
un Auto-da-fé, après une proceffion
générale, que les Inquifiteurs le condamnerent, en réparation, à fe laiffer
tirer trois palettes de fang, qui furent
brûlées par le bourreau. Ce qui étoit
impie à Madrid, à Goa, pouvoit
l'être alors à Abbeville? Mais parlons
ici d'après l'Ecrivain le plus célèbre que
la France ait produit. Lifons les mots
IMPIE & BLASPHEME, aux
Queftions fur l'Encyclopédie: l'Auteur
de ces articles ne paroît pas avoir perdu
de vue l'affaire d'Abbeville, en les ré-
digeant.

,, Quel eft l'Impie? c'eft celui qui
donne une barbe blanche, des pieds &
des mains à l'Etre des êtres, au grand
Demiourgos, à l'intelligence éternelle
par laquelle la nature eft gouvernée.
Mais ce n'eft qu'un Impie excufable.

B 6

un pauvre Impie contre lequel on ne
doit pas se fâcher.

„ Si même il peint le grand Etre in-
compréhensible porté sur un nuage qui
ne peut rien porter ; s'il est assez bête
pour mettre Dieu dans un brouillard,
dans la pluie ou sur une montagne, &
pour l'entourer de petites faces rondes
joufflues enluminées, accompagnées de
deux aîles, je ris & je lui pardonne de
tout mon cœur.

„ L'Impie qui attribue à l'Etre des
êtres des prédictions déraisonnables &
des injustices, me fâcheroit, si ce grand
Etre ne m'avoit fait présent d'une raison
qui réprime ma colère. Ce sot fanatique
me répète, après d'autres, que ce n'est
pas à nous à juger de ce qui est raison-
nable & juste dans le grand Etre, que sa
raison n'est pas comme notre raison,
que sa justice n'est pas comme notre
justice. Eh ! comment veux-tu mon
fou d'énergumène, que je juge autrement de la justice & de la raison que
par les notions que j'en ai ? veux-tu que
je marche autrement qu'avec mes pieds,
& que je te parle autrement qu'avec ma
bouche ?

„ L'Impie qui suppose le grand Etre jaloux, orgueilleux, malin, vindicatif, est plus dangereux. Je ne voudrais pas coucher sous même toît avec cet homme.

„ Mais comment traiterez-vous l'Impie qui vous dit : ne vois que par mes yeux, ne pense point ; je t'annonce un Dieu tyran qui m'a fait pour être ton tyran ; je suis son bien-aimé ; il tourmentera pendant toute l'éternité des millions de ses créatures qu'il déteste, pour me réjouir ; je serai ton maître dans ce monde, & je rirai de tes supplices dans l'autre.

„ Ne vous sentez-vous pas une démangeaison de rosser ce cruel Impie ? & si vous êtes né doux, ne courez-vous pas de toutes vos forces à l'occident, quand ce barbare débite ses rêveries atroces à l'orient ?

„ A l'égard des Impies qui manquent à se laver le coude vers Alep & vers Erivan, ou qui ne se mettent pas à genoux devant une procession de Capucins à Perpignan, ils sont coupables sans doute ; mais je ne crois pas qu'on doive les empâler. "

Mais les Blasphémateurs !

Eh bien ! ,, c,eſt un mot grec qui ſignifie, *atteinte à la réputation*. *Blaſphemia* ſe trouve dans *Démoſthène*. Delà vient, dit Menage, le mot de *blâmer*. *Blaſphême* ne fut employé dans l'Egliſe Grecque que pour ſignifier *injure faite à* Dieu. Les Romains n'employerent jamais cette expreſſion, ne croyant pas apparemment qu'on pût jamais offenſer l'honneur de Dieu comme on offenſe celui des hommes.

,, Il n'y a preſque point de ſynonime. *Blaſphême* n'emporte pas tout-à-fait l'idée de *ſacrilège*. On dira d'un homme qui aura pris le nom de Dieu en vain, qui dans l'emportement de la colere aura ce qu'on appelle *juré le nom de Dieu*, c'eſt un blaſphémateur ; mais on ne dira pas, c'eſt un *ſacrilège*. L'homme ſacrilège eſt celui qui ſe parjure ſur l'Evangile ; qui étend ſa rapacité ſur les choſes conſacrées, qui détruit les autels, qui trempe ſa main dans le ſang des prêtres.

,, Les grands ſacrilèges ont toujours été punis de mort chez toutes les nations , & fur-tout les facrilèges avec effufion de fang.

„ Les blafphêmes prononcés dans l'yvreffe , dans la colere ; dans l'excès de la débauche , dans la chaleur d'une converfation indifcrette, ont été foumis par les Légiflateurs à des peines beaucoup plus legères. Par exemple , un Avocat célebre dit que les loix de France condamnent les fimples blafphémateurs à une amende pour la premiere fois , double pour la feconde , triple pour la troifième , quadruple pour la quatrième. Le coupable eft mis au carcan pour la cinquième récidive ; au carcan encore pour la fixième , & la lèvre fupérieure eft coupée avec un fer chaud ; & pour la feptième fois on lui coupe la langue. Il falloit ajoûter que c'eft l'ordonnance de 1666 ".

C'eft à peu-près ainfi que raifonnoient , avec M. de Voltaire , quelques perfonnes fans miffion & fans grades ; mais le Juge d'Abbeville , qu'un autre motif paroiffoit animer , inftruifoit fans ceffe , & entendoit les témoins que voici.

INFORMATION

Du 26 Septembre 1765.

L'Aftérique [*] indique les Témoins réaffignés.

1.* **N**Aturé, [Etienne] Maître en fait d'Armes.

2 Goudalier, [Urfule – Scolaftique] femme Tirmon.

3 Maneffier de Raimboval. [Jacques-Aléxandre]

4 Dargnies de Frefne, [Jacq. Claude] Avocat.

5 Beauvarlet, [Philippe – Louis-Adrien]

6 Laurent, [Thomas] Chirurgien.

7 * Lavallée. [Lazare–Nicolas]

8.* Dumaifniel de Belleval pere. [Charles–Jofeph]

9 Létudier, dit la Cour. [Claude-Antoine]

10 Lefebvre, [Jeanne –Françoife] Tourriere.

11.* Petignat, [Jofeph] fils d'un faifeur de métier à fabriquer des bas.

12 Tirmont, [Jacques–Antoine.]

Ire Addition d'Information.

Du 28 Septembre 1765.

1 * L Evêque de Neuvilette. [Pierre-
Charles-Alexandre]

2 * Aliamet de Metigni. [Nicolas-An-
toine-François]

3 * Maneffier de la Vieville. [Marie-
Elizabeth]

4 Hecquet. [Pierre-Alexandre]

4 * Maneffier de la Vieville. [Marie-
Madelaine-Félicité]

6 Dumontois. [Pierre-Remi-Jean]

7 * Coupe, [dit Saint-Etienne]

8 * Vergnoles. [Jacques]

9 * Petignat. [Catherine]

10 * Dumaifniel de Saveufe. [Pi. Fr.]

11 * Maneffier de Selincourt. [Jean-
Baptifte-Marie]

12 Vatier. [Antoine]

2de Addition d'Information.

Du 5 Décembre 1765.

1 V Ulf, [Benoît] ancien Directeur des Dames Religieufes
de Willencourt.

2 * Lelong, [Marie - Antoinette]
femme de Racine.

3 Level, [Pierre] Menuifier.

4 * Blondin de Breville. [Felix-Nicolas-Valeri]

5 Gignon. [Marie-Charlotte]

6 Verdun. [François]

7 * Racine. [Pierre]

8 Maneffier de la Vieville. [Louis-
Jacques]

9 Vateblé, [Madelaine] veuve de
Lattre, Cabareciere à la Portelette.

10 Maton. [Pierre]

11 Petit, [Marie-Jacqueline] Tourriere aux Urfulines.

12 Lœuilliot. [Jacques-Pierre-Clé-
ment]

13 Bilhaut, dit la Brie. [Georges]

14 Civis, [Joseph] Peintre & Déco-
rateur.

Premiere Information. . 77 Témoins.
Seconde Information. . 12.
Premiere Addition. . . 12.
Seconde Addition. . . 14.

Total. . . 115. dont 16
entendus deux fois.

C'eft d'après ces informations nom-
breufes, que le Juge d'Abbeville, par
fa Sentence du 8 Octobre 1765, joi-
gnit les deux plaintes, *pour être ftatué
fur icelles par un feul & même jugement.*
Nous verrons que les Jurifconfultes lui
reprocherent cette jonction : l'Arrêt du
Parlement confirma fix mois après une
autre Sentence de ce Juge, qui pronon-
çoit la condamnation la plus févere,
tandis que le miniftère public, compofé
de quatre Officiers éclairés, n'avoit
conclu à aucune peine capitale.

_____

ARRET du Parlement, du 4 Juin 1766.

VU par la Cour, la Grand'Chambre
affemblée, le Procès criminel fait
par le Lieutenant-Criminel de la Sénéchauffée de Ponthieu à Abbeville, à la
requête du Subftitut du Procureur-Général du Roi audit Siège, Demandeur
& Accufateur, contre Jean - François
Lefebvre, Chevalier, Sieur de la Barre,
& Charles-François-Marcel Moifnel,
défendeurs & accufés, Prifonniers ès pri-

fons de la Conciergerie du Palais à Paris,
& encore contre Gaillard d'Eſtalonde,
Pierre-Jean-François Douville de Maillefeu, & Pierre-François Dumaiſniel de
Saveuſe, auſſi défendeurs & accuſés,
abſens & contumax ; leſdits Jean-François Lefebvre, Chevalier de la Barre,
& Charles-François-Marcel Moiſnel,
appellans de la Sentence contr'eux rendue ſur ledit Procès le 28 Février 1766,
par laquelle la contumace auroit été
déclarée valablement inſtruite contre
Gaillard d'Eſtalonde, accuſé & contumax, & en adjugeant le profit d'icelle,
il auroit été déclaré dûement atteint &
convaincu d'avoir, par impiété & de propos délibéré, paſſé le jour de la Fête-
Dieu derniere, à vingt - cinq pas du
Saint - Sacrement que l'on portoit à la
Proceſſion des Religieux de Saint Pierre
de ladite Ville, ſans ôter ſon chapeau
qu'il avoit ſur ſa tête, & ſans ſe mettre
à genoux ; d'avoir voulu acheter du ſieur
Beauvarlet un Crucifix de plâtre qui
étoit dans ſa chambre, & d'avoir dit
que c'étoit pour le briſer & fouler aux
pieds ; d'avoir proféré les blaſphêmes
énormes & exécrables contre Dieu,

mentionnés au Procès ; d'avoir chanté
publiquement & différentes fois deux
chansons impies & remplies de blasphé-
mes les plus énormes, les plus abominables & exécrables contre Dieu, la sainte
Eucharistie, la sainte Vierge, les Saints
& Saintes mentionnés au Procès ; d'a-
voir enfin un des jours de l'Eté dernier,
donné des coups de canne à un Crucifix
qui étoit alors placé sur le pont-neuf de
ladite Ville ; pour réparation de quoi,
condamné à faire amende - honorable
devant le Crucifix placé sur ledit Pont
& devant la principale porte de l'Eglise
Royale & Collégiale de Saint Vulfran
de ladite Ville, où il seroit mené & conduit par l'Exécuteur de la Haute-Justice, dans un tombereau ; & là, étant à
genoux, nue tête & nuds pieds, ayant la
corde au col, écriteaux devant & der-
riere portant ces mots : *Impie, Blasphémateur & Sacrilège exécrable & abominable*, & tenant en ses mains une torche
de cire jaune ardente du poids de deux
livres, dire & déclarer à haute & intelligible voix, *que méchamment & par impiété, il a passé de propos délibéré devant
le Saint-Sacrement sans ôter son chapeau*,

& sans se mettre à genoux ; a proféré les blasphêmes contre Dieu mentionnés au Procès ; a chanté les deux chansons remplies de blasphêmes exécrables & abominables contre Dieu, la sainte Eucharistie, la sainte Vierge, les Saints & les Saintes, mentionnés au Procès ; & a donné des coups de canne sur le Crucifix qui étoit sur le pont-neuf de ladite Ville, dont il se repent, demande pardon à Dieu, au Roi & à Justice ; & audit dernier lieu avoir la langue coupée, & le poing coupé sur un poteau qui sera planté devant lad. porte de ladite Eglise ; ce fait, conduit dans ledit tombereau dans la Place publique & principal Marché de ladite Ville, pour y être attaché avec une chaîne de fer à un poteau qui y sera à cet effet planté, & brûlé vif, son corps réduit en cendres, & icelles jettéesau vent, tous ses biens acquis & confisqués au profit du Roi, ou à qui il appartiendroit, sur iceux préalablement pris la somme de deux cens livres d'amende envers ledit Seigneur Roi, au cas que confiscation n'eût lieu à son profit ; & seroit ladite Sentence, en ce qui regardoit ledit Gaillard d'Estalonde, accusé, contumax,

exécutée par effigie en un tableau qui feroit attaché par l'Exécuteur de la Haute-
Juſtice, à un poteau qui feroit à cet effet
planté ſur ladite Place ; en ce qui tou-
choit Jean-François Lefebvre, Chevalier de la Barre, il auroit été déclaré
dûement atteint & convaincu d'avoir
par impiété & de propos délibéré, paſſé
le jour de la Fête-Dieu derniere à vingt-
cinq pas du Saint-Sacrement que l'on
portoit à la Proceſſion des Religieux de
Saint-Pierre de ladite Ville, ſans ôter
ſon chapeau qu'il avoit ſur la tête, &
ſans ſe mettre à genoux ; d'avoir proféré
les blaſphêmes énormes & exécrables
contre Dieu, la ſainte Euchariſtie, la
ſainte Vierge, la Religion & les Commandemens de Dieu & de l'Egliſe,
mentionnés au Procès ; d'avoir chanté
les deux chanſons impies & remplies
de blaſphêmes les plus énormes, les
plus exécrables & abominables contre
Dieu, la ſainte Euchariſtie, la ſainte
Vierge & les Saints & Saintes, mentionnés au Procès ; d'avoir rendu des
marques de reſpect & d'adoration aux
Livres infames & impurs qui étoient
placés ſur une planche dans ſa chambre.

en faifant des genuflexions, en paffant devant, & difant, qu'on devoit faire des genuflexions lorfque l'on paffoit devant le Tabernacle ; d'avoir profané le figne de la Croix, en faifant ce figne, en fe mettant à genoux, & prononçant les termes impurs mentionnés au Procès ; d'avoir profané le Myftère de la confé-cration du vin, l'ayant tourné en déri-fion, en prononçant à voix demi-baffe & à différentes reprifes, deffus un verre de vin qu'il tenoit à la main, les termes impurs mentionnés au Procès, & bu enfuite le vin ; d'avoir profané les Béné-dictions en ufage dans l'Eglife & chez les Chrétiens, en faifant des croix & des bénédictions avec la main fur différentes chofes, en prononçant les termes im-purs mentionnés au Procès ; d'avoir en-fin propofé au nommé Petignot, qui fervoit la Meffe, & étant auprès de lui au bas de l'Autel, de bénir les burettes, en prononçant les paroles impures men-tionnées au Procès ; pour réparation de quoi, condamné à faire amende-hono-rable devant la principale porte de l'E-glife Royale & Collégiale de Saint Vul-fran de ladite Ville d'Abbeville, où il feroit seroit mené & conduit par l'Exécuteur de la Haute-Justice , dans un tombereau ; & là , étant à genoux , nue tête & nuds pieds , ayant la corde au col , écriteaux devant & derrière portant ces mots : *Impie , Blasphémateur & Sacrilége exécrable & abominable* , & tenant en ses mains une torche de cire jaune ardente du poids de deux livres , dire & déclarer à haute & intelligible voix, *que méchamment , & par impiété , il a passé de propos délibéré devant le Saint Sacrement , sans ôter son chapeau & sans se mettre à genoux , & proféré les blasphêmes contre Dieu , la sainte Eucharistie , le sainte Vierge , la Religion & les Commandemens de Dieu & de l'Eglise , mentionnés au Procès ; & chanté les deux chansons remplies de blasphêmes exécrables & abominables contre Dieu , la sainte Eucharistie , la sainte Vierge , & les Saints & Saintes mentionnés au Procès ; & a rendu des marques de respect & d'adoration à des Livres infâmes , & profané le signe de la Croix , le Mystère de la consécration du vin , & les bénédictions en usage dans l'Eglise & chez les Chrétiens, dont il se repent , & demande pardon à*

C

Dieu, au Roi & à Justice, & audit lieu avoir la langue coupée; ce fait, conduit dans ledit tombereau dans la Place publique & principal Marché de ladite Ville, pour, sur un échaffaud qui y seroit à cet effet dreffé, avoir la tête tranchée, & être fon corps mort & fa tête jettés au feu dans un bûcher ardent, pour y être réduits en cendres, & les cendres jettées au vent; & avant l'exécution, ledit Lefebvre de la Barre appliqué à la queftion ordinaire & extraordinaire, pour avoir par fa bouche la vérité d'aucuns faits réfultans du Procès, & la révélation de fes complices, tous fes biens acquis & confifqués au Roi, ou à qui il appartiendroit, fur iceux préalablement pris la fomme de deux cens liv. d'amende envers ledit Seigneur Roi, au cas que confifcation n'eût lieu à fon profit; auroit été furfis à faire droit fur les accufations intentées contre Charles-François-Marcel Moifnel; & avant d'adjuger le profit de la contumace contre Pierre-François Douville de Maillefeu, & Pierre-François Dumaifniel de Sayeufe, accufés, contumax, il auroit pareillement été furfis à faire droit fur les

accusations contr'eux intentées , jufqu'après l'entière exécution de ladite
Sentence contre ledit Lefebvre de la
Barre , & ordonné que le Réquisitoire
du Substitut du Procureur-Général du
Roi audit Siège , du 7 Octobre dernier ,
& le procès - verbal de saisie de Livres
faite en la chambre dudit Lefebvre de la
Barre , en conséquence de l'Ordonnance
étant au bas dudit Réquisitoire , demeureroient joints au Procès ; ce faisant ,
que le Dictionnaire Philofophique portatif , faifant partie defdits Livres qui
ont été dépofés au Greffe de ladite Sénéchauffée , feroit jetté par l'Exécuteur de
la Haute-Juftice , dans le même bûcher
où feroit jetté le corps dudit Lefebvre
de la Barre & en même-tems. Ouis & interrogés en la Cour lefdits Jean-François Lefebvre de la Barre & Charles-
François-Marcel Moifnel fur leurfdites
caufes d'appel , cas à eux impofés &
faits réfultans du Procès. Oui le rapport
de Me Pellot , Confeiller : Tout confi-
déré.

LA COUR , la Grand'Chambre
affemblée , dit qu'il a été bien jugé par

le Lieutenant-Criminel d'Abbeville, mal & fans griefs appellé par ledit Lefebvre de la Barre, & l'amendera ; ordonne en conféquence que le Dictionnaire Philofophique portatif, qui a été apporté au Greffe Criminel de la Cour, fera, avec les autres Livres, reporté au Greffe Criminel de ladite Sénéchauffée d'Abbeville ; faifant droit fur l'appel interjetté par ledit Charles-François-Marcel Moifnel de la même Sentence, a mis & met l'appellation au néant ; ordonne que ladite Sentence fortira fon plein & entier effet à l'égard dudit Charles-François-Marcel Moifnel, le condamne en l'amende ordinaire ; ordonne pareillement que le préfent Arrêt fera imprimé, publié & affiché par-tout où befoin fera, notamment en la Ville d'Abbeville ; & pour faire mettre le préfent Arrêt à exécution, renvoie lefdits Jean-François Lefebvre de la Barre & Charles-François-Marcel Moifnel, prifonniers pardevant ledit Lieutenant-Criminel de la Sénéchauffée de Ponthieu à Abbeville. Fait en Parlement, la Grand'Chambre affemblée, le 4 Juin 1766. *Collationné*, MASSIEU.

PARTICULARITE'S

SUR LA MORT

DU CHEVALIER DE LA BARRE.

LE Parlement avoit différé de six jours à signer l'Arrêt qu'on vient de lire. Il avoit cru du moins devoir ménager ce délai, pour pouvoir aller se jetter aux pieds du Roi dont l'extrême bonté étoit connue, & demander grace. Le Chevalier de la Barre tenoit de près à la famille des Dorm... considérable dans la robbe. Tous avoient du crédit & des amis qui s'intéresserent pour la faire obtenir. Mais Louis XV. dit-on, fut inflexible. On répandoit dans le tems, que ce Monarque répondit que, lorsqu'il avoit paru souhaiter que son Parlement cessât de faire le procès au monstre Damiens, ce Parlement lui avoit fait des remontrances ; & qu'à plus forte raison, le coupable de lèze-Majesté divine, ne devoit pas être traité plus favorablement que le coupable

C 3

de lèze-Majesté humaine. Il fallut donc
que le Chevalier de la Barre revînt à
Abbeville, au vœu de cet Arrêt, pour
marcher au supplice. Mais comme si
l'on eût craint quelque révolte, quelque conspiration pour le sauver, on
prit des précautions. On l'engagea
dans une route détournée ; on le fit
passer par Rouen. Il arriva enfin à Abbeville, sur les trois à quatre heures
d'après-midi dans une chaise de poste,
au milieu de deux Exempts, & escorté
de plusieurs archers déguisés en cour-
riers. Quoiqu'il entrât dans la Ville
par une porte opposée à celle de Paris,
comme on l'attendoit, on le reconnut
aisément. Il saluoit ses connoissances
en passant rapidement. On se mettoit
aux portes de tout côté, & la terreur
consternoit tous les cœurs ; la pâleur
s'emparoit de tous les visages. On n'a-
voit pu se persuader jusqu'ici que l'Arrêt qui le condamnoit auroit son exécution. On pensoit qu'allié à une famille puissante, il obtiendroit enfin sa
grace. On le souhaitoit généralement.
Chaque jour, chaque instant qui suivit
son arrivée, tout homme à cheval arri-

vant par la porte de Paris, étoit pris pour un courrier qui apportoit cette grace tant desirée. On passoit de la joie à l'abattement successivement. La confiance fut poussée si loin, que l'heure même du supplice fut différée ; & un frere du sieur d'Etalonde , homme aimable & opulent , qu'on se porta, peu après l'exécution de son frere par contumace, à faire nommer Mayeur-Commandant pour le Roi à Abbeville , attendant alors de moment à autre le retour du courrier, marchant éperdu au travers de la Ville avec les bourreaux , ne croyoit pas trop faire pour les retarder encore.

Cependant de la Barre plus tranquille avoit pris son parti, avec la plus grande fermeté. *Je vois bien*, disoit-il, *qu'il faut une victime, que je serai le dindon de la fête.* On lui avoit donné pour Confesseur, suivant l'usage, un Dominicain nommé le P. Bosquier. C'étoit de tous les Confesseurs d'Abbeville alors, celui qu'on croyoit le plus Théologien & le plus propre à persuader un esprit fort, *in articulo mortis.* Mais ce Moine soupçonné d'être un peu plus Philosophe

encore que Théologien, en fut d'autant plus propre à le confoler & à con-
ferver fon courage. *Prenons du caffé,*
lui dit le Chevalier de la Barre, après
le dîner le plus paifible, quelques heures avant fon exécution, *il ne m'empê-*
chera pas de dormir. Ce fut la même fermeté, le même héroïfme pour marcher
au fupplice. Il s'y porta en fouriant en
quelque forte. *Ce qui me fait le plus de*
peine en ce jour, dit-il, *c'eft d'apperce-*
voir aux croifées, de ces gens que je croyois
mes amis. Parvenu devant le portail de
l'Eglife principale de S. Vulfran, où il
devoit faire l'amende- honorable, il
perfifta à foutenir qu'il n'avoit point
offenfé l'Etre fuprême, & refufa de la
réciter. On la récita pour lui. L'Arrêt
avoit ordonné, comme on l'a vu, que
devant ce portail, on lui perceroit la
langue d'un fer rouge ; mais de la Barre
s'y refufant, les bourreaux ne furent
pas affez impitoyables pour le vouloir
exécuter à la lettre. Ils en fimulerent
l'action. Ramené delà au pied de l'é-
chaffaud, on le voyoit toujours fe mon-
trer avec la même fermeté. En montant
à cet échaffaud, il laiffa tomber fa pan-

toufle fur l'efcalier : il defcendit auffi-tôt
pour la ramaffer , & remonta fans aide ,
fans effort. Parvenu fur ce théatre d'i-
gnominie, où le crime & l'innocence
fe font quelquefois confondus, où l'é-
quité & l'injuftice ont mêlé plus d'une
fois leurs victimes, entouré des cinq
bourreaux qu'on avoit appellés de cinq
Villes différentes, un d'eux fe préfenta
pour lui couper les cheveux, fuivant
ce qui fe pratique lorfqu'on décolle. *A*
quoi bon, dit le Chevalier ? *veut-on*
faire de moi un enfant de chœur? Il apperçut à l'inftant le damas deftiné à lui
trancher la tête. Il le fixa avec attention. *Tes armes font-elles bonnes*, dit-il
au bourreau de Paris? eft-ce toi qui as
tranché la tête au Comte de Lally? oui,
Monfieur, lui répondit ce bourreau.
Tu l'as manqué! Il fe tenoit mal. Pla-
cez-vous bien, & je ne vous manquerai
pas. *Ne crains rien, je me tiendrai bien*
& ne ferai pas l'enfant. Il fe banda les
yeux lui-même, fe tint bien ferme en
effet, & fa tête fut enlevée avec une
adreffe qui concilia à l'exécuteur un
battement de mains univerfel. Son corps
fut bientôt précipité dans le bûcher,

avec le Dictionnaire Philosophique.

Une chose qu'on doit remarquer, c'est que le peuple d'Abbeville, qui, quelque tems auparavant, avoit été chercher dans la cendre d'un semblable bûcher, & ramasser les prétendues reliques d'un jeune scélérat de condition, qui avoit empoisonné ses pere & mere, & tenté d'empoisonner le reste de sa famille & trente autres personnes dans un repas chez lui auquel il avoit invité, mais qui étoit mort avec beaucoup d'onction & de piété, ce même peuple indigné ne vit qu'avec le plus grand mépris les cendres de de la Barre, & les dispersa.

Un de ses bourreaux, celui de Saint-Omer, s'efforça de flétrir encore sa mémoire, dans des relations *véritables & remarquables*, & dans des chansons *lamentables*, très-pieuses & très-pathétiques, que cette étrange espèce de Poëte & d'Historien a l'usage de composer dans tous les événemens intéressans où lui & ses pareils signalent leur adresse, pour être imprimées & vendues au petit peuple de France, qui ne goûte pas moins sa littérature legère ; que les fublimes & profondes connoiffances aftronomiques & prophétiques de l'immortel Mathieu Lanfberg.

Après cette fameufe exécution, reftoit dans les prifons encore le Sr. Moifnel, à l'egard duquel l'Arrêt avoit furfi. On fentit bien vivement alors la prompte néceffité de parler & de le juftifier. M. Linguet, connu, chéri dans Abbeville du peu de perfonnes auxquelles il s'étoit livré, cet Avocat, homme de lettres, qui depuis s'eft rendu fi célèbre au Barreau, avoit, pour ainfi dire, débuté dans la carrière par un Mémoire compofé avant même la mort du Chevalier de la Barre, mais tenu fecret, & qu'il auroit été peutêtre plus utile de répandre. Diverfes circonftances en avoient retardé la publicité. Il parut enfin & l'on fut étonné.

Les perfonnes qui favent que cet Avocat reçut *une infulte méditée au fond de fa retraite* *, de la part du Juge de de la Barre, que ce Juge, Mayeur-Com-

---

* Il s'en eft plaint en ces termes dans des ouvrages imprimés. Il étoit logé à Abbeville, chez la veuve Devérité, Libraire.

mandant pour le Roi à Abbeville en
1764, appella chez lui & réprimanda
durement l'Auteur des *Canaux naviga-*
bles, pour avoir demandé fur le rivage,
aux Nautoniers, *jufqu'où remontoit le*
flux de la mer dans la Somme, admirent
comment cet homme en place fe trouvoit expofé peu d'années après, à être
compromis par un Ecrivain célèbre,
qu'il avoit traité avec mépris dans l'obf-
curité où il vivoit, & qui ofoit alors
le nommer en face dans les Salles du
Palais, *le Capitoul d'Abbeville*.

Mais elles regrettent auffi que M.
Linguet qui avoit conféré avec de la
Barre dans fa prifon, qui avoit été chargé
par lui & par écrit de le juftifier, n'ait pu
fe livrer à ces occupations, & qu'ayant
mis de côté le grand Mémoire qu'il
avoit fait fur le fond de cette affaire,
il n'en ait pas encore du moins donné
l'hiftoire, comme il l'avoit promis au
Public. Le Chevalier de la Barre étoit
perdu. M. Linguet fe borna à confulter
au nom du fieur Moifnel & autres accufés qu'il falloit fauver.

MEMOIRE

A CONSULTER.

POUR le Sieur MOISNEL, & autres Accusés.

ON a beaucoup parlé du terrible Procès d'Abbeville. L'attentat qui semble en être le sujet, est devenu celui de toutes les conversations. Il n'y a personne qui n'ait voulu paroître instruit de cette affaire, & qui ne l'ait débitée avec des circonstances plus ou moins atroces. Il s'en faut cependant bien que le Public en connoisse véritablement le fond. Presque tous les discours qu'elle occasionne font des méprises continuelles, & affreuses par leurs conséquences.

En général, on la croit fondée sur un crime de léze-Majesté divine. On pense que de tous les accusés il n'y en a pas un qui n'ait trempé. On les regarde tous comme une troupe d'impies, qui ont, d'après un systême réfléchi, ou entrepris de former une nouvelle secte, ou renou-

vellé les excès de ces hérétiques connus
& condamnés au quatrième fiècle fous
le nom d'*Iconoclaftes*. On fe perfuade
qu'il s'agit uniquement d'une infulte
faite de fang froid à un Crucifix, & que
les peines rigoureufes prononcées par le
premier Juge, en font l'expiation.
L'Arrêt qui confirme la Sentence, jufti-
fie en quelque forte cette idée, ou du
moins l'autorife.

Ce n'eft cependant qu'une erreur
cruelle, quoique tout concoure à lui
donner l'apparence de la vérité. L'infulte faite à la Croix, eft bien le prétexte
du Procès ; mais elle n'en eft pas l'objet.
C'eft l'occafion de l'affaire, & non le
motif de la condamnation. Elle n'entre
abfolument pour rien dans la Sentence,
ni dans l'Arrêt. La mutilation du Cru-
fix n'eft même rappellée ni dans l'une ni
dans l'autre. L'auteur en eft inconnu ;
aucun des accufés n'en eft chargé par des
témoignages précis ; & quand le Parlement s'eft décidé à livrer deux d'entre
eux à toute la rigueur de la Juftice, ce
n'eft pas la confidération de ce crime,
qui a déterminé les fuffrages, puifque
dans les informations, fuivant les per-

fonnes inftruites , il n'y a pas un mot qui puiffe faire croire qu'on ait découvert les coupables.

Le Procès ne porte donc pas fur des imputations fi énormes : il n'y eft queftion que de faits beaucoup graves. C'eft déjà une réforme importante à faire dans les idées du Public. C'eft un avertiffement pour lui de ne pas fe livrer à des bruits fans vraifemblance & fans vérité. C'en eft un de fe tenir en garde contre des rumeurs fauffes autant qu'horribles , qui, par une fatalité déplorable , femblent acquérir de la certitude en fe multipliant, & parviennent infenfiblement, à force de fe répandre , à faire impreffion fur les efprits mêmes qui devroient le plus favoir s'en défier. Enfin, c'en eft un de ne pas prodiguer fa haine , fans examen , à de malheureux jeunes gens qui méritent peut-être fa compaffion.

On fait qu'il y en a deux de condamnés ; mais on ne fait pas qu'il en refte trois , fur le fort defquels l'Arrêt n'a prononcé qu'un furfis. On ne fait pas que dès le commencement , long-tems avant la Sentence définitive , ils fe font rendus appellans des décrets de prife de corps

lancés contre eux, d'une Sentence préliminaire & abusive dans la forme, comme dans le fond, que la Cour n'a pas
confirmée *, & de toute la procédure
dont ils n'avoient pas mérité d'essuyer
l'ignominie. On ne sait pas que cet appel
subsiste encore dans toute sa force, &
que son but étoit de démontrer avec
combien d'injustice on les avoit compris dans une affaire odieuse qui ne pouvoit les regarder.

C'est cet appel qu'ils se proposent aujourd'hui de poursuivre; & c'est pour
s'assurer de sa validité, qu'ils ont recours
à un Conseil éclairé. Ils vont mettre
sous ses yeux les détails du Procès, au
moins pour la partie qui les concerne.
C'est sur ses avis qu'ils dirigeront les démarches nécessaires pour opérer leur
justification.

C'est pour eux une nécessité indispen-
sable d'y travailler promptement. Le
sursis prononcé contre eux est, sans contredit, une peine cruelle, s'ils ne sont
pas coupables. Il les place dans cet état
affreux d'incertitude, qui suppose plu-

---

* Elle n'a pas même statué sur cet objet.

tôt le crime que l'innocence, ou, pour mieux dire, qui ne jette des doutes que fur l'innocence. Par conféquent il en réfulteroit pour eux une flétriffure réelle, fi on le laiffoit fubfifter.

Leur extrême jeuneffe eft d'ailleurs une raifon de plus pour les tirer de cette fituation affligeante. Le plus avancé d'entr'eux n'a pas dix-huit ans. Une pareille tache fixée fur ce premier âge, s'étendroit delà fur le refte de leur vie. Ils retrouveroient à la fin de leur carrière l'opprobre dont ils ne fe feroient pas lavés en y entrant ; & ce malheur feroit d'autant plus accablant, qu'ils ne l'auroient pas plus mérité dans un tems que dans un autre.

F A I T.

Perfonne n'ignore qu'il s'eft commis l'année derniere, la nuit du huit au neuf d'Août, un attentat étrange à Abbeville. Un Crucifix de bois, expofé fur un pont à la vénération publique, fe trouve le matin chargé de plufieurs coups de fabre ou de couteau de chaffe, qui y avoient laiffé des traces profondes. Cet événe-

ment, dès qu'il fut connu, excita dans la
Ville une confternation générale. Tout
fe mit en mouvement. Le peuple s'af-
fembla autour de la Croix, pour en dé-
tefter la profanation. Le Clergé fe pré-
para à l'expier, & les Juges laïques à la
venger. On publia des monitoires pour
en découvrir l'auteur. Le Procureur-du-
Roi, l'Affeffeur-Criminel, faifant les
fonctions de Lieutenant, s'acquitterent
de leur devoir. L'un rendit fa plainte le
10 du même mois, & l'autre une Sentence qui permit d'informer. Ces Juges
s'appliquoient à chercher de quelle main
étoit partie l'infulte faite à la Croix,
tandis que M. l'Evéque d'Amiens affiftoit en perfonne à une proceffion folemnelle ordonnée pour la réparer. La démarche de ce Prélat étoit édifiante ; mais
on ne fauroit diffimuler qu'elle fit fur
l'efprit du peuple une impreffion que
fans doute il ne prévoyoit pas lui-même.
La pompe de cette cérémonie, l'éclat
qui l'avoit accompagnée, échauffa les
imaginations. On ne parloit plus d'autre
chofe dans la Ville. Les entretiens particuliers nourriffoient l'émotion publique. Celle-ci portoit l'alarme dans les

confciences. La frayeur y faifoit naître
des fcrupules, qui, à leur tour, produi-
foient des indifcrétions.

On put bien s'en appercevoir, fur-
tout dans les informations. Perfonne ne
connoiffoit le facrilège. Il avoit enve-
loppé fon crime dans l'ombre de la nuit
& du myftère ; mais au défaut de cette
connoiffance, qui étoit pourtant le feul
but du Procès, les témoins, en fe pré-
fentant devant le Juge, s'efforçoient de
paroître inftruits, au moins fur quelques
chefs relatifs à celui qu'il s'agiffoit d'é-
claircir. Ils faifoient une efpèce d'examen de leur conduite. Les oui-dires,
les fimples foupçons même fe trouvoient
rappellés comme des vérités effentielles ;
& les rumeurs les moins probables prenoient, en paffant par leurs bouches,
toute l'apparence de la certitude.

Ainfi un jeune-homme de la Ville, fe
trouvant avec quelques-uns de fes camarades, après la mutilation de la Croix,
raconta cette ancienne hiftoire d'un Juif
qui acheta d'une vieille femme une hoftie
confacrée, & ofa la profaner par toutes
les abominations dont les légendes ont
confervé le détail. Elle eft arrivée, dit-

ôn , en différens endroits. Le Couvent
des Billettes * , à Paris , eft une preuve
authentique que cette horreur appartient
à des fiècles reculés. Cependant elle a
été recueillie & confignée dans les dépofitions comme un fait récent. On n'en
nommoit pas l'auteur , à la vérité ; mais
on la fuppofoit nouvellement commife.
On en faifoit des applications indirectes,
& l'on défignoit tacitement ceux à qui
elle pouvoit s'adapter. Quoiqu'à la fin
les informations aient fait évanouir cette
chimère , & juftifié notre fiècle à qui on
ofoit l'attribuer , c'eft delà pourtant
qu'eft venu ce roman abfurde , mais terrible , qui a féduit tant de perfonnes mal
informées. Il s'eft débité dans Abbeville ; il a même pénétré jufqu'à Paris,
& s'y foutient encore. C'eft ce qui a fait
croire & affurer que des hofties confa-
crées avoient été percées , coupées , pro-
fanées par les Accufés. C'eft d'après cette
idée , fans vraifemblance comme fans
fondement , qu'à une affaire, déjà fi grave
par elle-même , on a joint tant d'imputations calomnieufes ; & il paroît que ce

---

* Il a été fondé à cette occafion.

fait n'eſt pas le ſeul qui ait été auſſi étrangement défiguré dans le Procès.

L'objet principal ne s'éclairciſſoit
point. Le nom du profanateur reſtoit
toujours inconnu ; & les témoins appellés pour dépoſer de la mutilation, par-
loient de toute autre choſe. Ils révéloient
des irrévérences, des indiſcrétions, des
diſcours impies tenus par de jeunes gens
de la Ville ; mais qui étoient antérieurs
au délit dont on s'informoit, & qui juſ-
ques-là n'avoient cauſé aucune eſpèce
de ſcandale.

Cependant le Procureur-du-Roi crut
devoir les dénoncer à la Juſtice. Il y
trouva la matière d'une ſeconde plainte
qu'il rendit en effet le 13 Septembre
1765, c'eſt-à-dire, à plus d'un mois d'intervalle de la première. Elle ne tendoit
qu'à obtenir la permiſſion d'informer *ſur
des impiétés & blaſphêmes commis dans
la Ville.*

Il ſemble que l'équité demandoit de
lui & du Juge-Criminel qui reçut les
deux plaintes, qu'ils euſſent ſoin de diſ-
tinguer les deux objets qu'elles concer-
noient. Il eſt ſûr que le blaſphême eſt un
grand crime ; mais la mutilation d'une

Croix eft un crime encore plus grand.
Le premier confifte dans des paroles ;
le fecond confifte dans des actes. L'un a
différentes nuances, différens degrés qui
peuvent le rendre plus ou moins grave ;
l'autre eft énorme de fa nature : c'eft toujours un crime de lèze-Majefté divine.
Il étoit donc important de les féparer ;
la juftice exigeoit qu'on évitât foigneu-
fement d'en faire un feul & même titre
d'accufation.

Ce ne fut pourtant pas le principe que
fuivit l'Affeffeur d'Abbeville. Au contraire, il parut fe propofer de confondre
les deux affaires ; & dès le commencement des informations, fur la feconde
plainte du 13 Septembre, il rendit une
Sentence dont voici les difpofitions.
Elle ordonnoit que les deux Procès
faits, tant fur la plainte du 10 Août
portant fur la mutilation, que fur celle
du 13 Septembre bornée aux impiétés
& blafphêmes, *feroient & demeureroient
joints, pour être fur iceux ftatué par un
feul & même Jugement.*

Il faut l'avouer, cette procédure paroît bien fingulière. Elle eft ufitée dans
les affaires civiles, où la décifion d'un

article dépend souvent de celle d'un autre. Les joindre enſemble, c'eſt faciliter
l'inſtruction de tous les deux. Mais elle
eſt inouie dans le criminel, au moins
avant la perfection de la procédure extraordinaire. Elle n'y a lieu que quand
la vérification des témoignages établit
l'identité des crimes ; elle n'opère point
la confuſion des matières, elle ne fait que
rapprocher les Jugemens ; alors même
elle n'eſt point à l'arbitrage du Juge,
mais elle dépend de la nature des dépoſitions, qui n'eſt bien certaine que quand
elles ſont conſtantes & irrévocables,
c'eſt-à-dire, après le récollement. Or,
ici la Sentence de jonction précédoit de
beaucoup cette formalité, puiſqu'elle
eſt du 8 Octobre, & que le récollement
n'a commencé qu'au 28 Novembre
1765. Il y a eu encore des informations
poſtérieures ; & la Sentence définitive
eſt du 26 Février 1766. On prie le Conſeil de vouloir bien ne pas perdre ces
dates de vue.

Sur la plainte du 13 Septembre, trois
jeunes gens furent décrétés de priſe de
corps, & deux ſeulement furent arrêtés.
L'un, ainſi que le contumace, eſt con-

damné par l'Arrêt. L'autre, nommé Moisnel, est un des Accusés, au nom de qui l'on consulte. Il est difficile de penser, sans attendrissement, au sort de ce malheureux jeune homme.

A dix-sept ans il a essuyé l'opprobre d'un décret de prise de corps, l'ignominie qui en suit l'exécution, l'horreur d'une longue & dure captivité. Outre sa propre infortune, il a encore à se reprocher celle de deux de ses camarades, que son inconsidération a jettés dans le même embarras, comme on va le voir. Il éprouve à la fois des malheurs & des remords; & ni les uns ni les autres ne sont produits par des crimes, mais par des imprudences. S'il est compromis encore aujourd'hui dans une affaire aussi grave, ce n'est pas pour s'être souillé d'aucun attentat, mais pour avoir révélé des fautes dont il ne devoit l'aveu qu'à son Confesseur.

Il paroît certain qu'au tems du décret lancé contre lui, il n'y avoit aucune espèce de grief à sa charge, sinon d'être passé un jour de Fête-Dieu, le chapeau sous le bras, à la vue d'une procession du Saint - Sacrement, en suivant deux autres perſonnes qui avoient le chapeau ſur la tête. Il n'étoit point coupable de cette irrévérence, & n'en pouvoit paſſer pour complice : cependant on croit pouvoir aſſurer qu'il n'y a point eu d'autre cauſe de ſa détention.

Dans le cours du mois d'Octobre 1765, il ſubit trois interrogatoires. Le premier fut une négative, ſoutenue ſur tous les objets qu'on lui demanda ; mais au ſecond, ſa contenance fut bien différente. Il s'étoit écoulé huit jours depuis ſa captivité, & ce court eſpace avoit occaſionné dans ſa tête une cruelle altération.

Il n'avoit, comme on l'a dit, que dix-ſept ans. Il eſt par lui-même d'une conſtitution foible & mélancolique. Qu'on ſe figure un enfant de cet âge & de ce tempérament, accoutumé à la vie la plus libre, la plus indépendante, arraché tout d'un coup à ſa famille & à ſes amuſemens, renfermé dans une priſon obſcure, ſans ſociété, impliqué à grand bruit dans une affaire affreuſe, dont tout le monde parloit depuis longtems avec horreur, & n'ayant, pour ſe ſoutenir au milieu de tant de ſujets

D

d'alarmes, d'autre reſſource que ſon innocence, que ſon état même devoit,
en quelque ſorte, lui rendre ſuſpecte.
Qu'on ſe le repréſente ſortant de ſon
cachot pour ſubir un interrogatoire,
ne revoyant la lumière que pour découvrir en même tems, d'une part, le
viſage ſévère d'un Juge qui lui intime,
au nom de Dieu & de la Juſtice, l'obligation de dire la vérité ; & de l'autre,
un Greffier prêt à écrire ſes réponſes,
dont on lui fait ſentir que ſon ſort va
dépendre ; on ne ſera pas étonné, ſans
doute, que cet appareil formidable ait
renverſé une tête ſi jeune, déjà vivement ébranlée par l'inquiétude & le
chagrin.

Auſſi, ſes déclarations ſe ſentirent-
elles du trouble & de l'effroi qui rem-
pliſſoient ſon ame. Au lieu de réclamer
contre la violence qu'il ſouffroit, il crut
être obligé de chercher lui-même dans
ſon propre cœur de quoi la juſtifier.
Ne pouvant avouer des crimes, puiſqu'il n'en avoit point commis, il y
ſubſtitua l'aveu de ſes fautes. On ne
devoit l'interroger que ſur ces attentats
ſcandaleux, qui choquent les Loix &

l'ordre public : il répondit , en révélant
de ces délits secrets dont la Justice humaine ne connoît point , & qui sont ré-
servés au Tribunal de la Pénitence.

Ainsi , par exemple , il demanda pardon à l'Assesseur , en propres termes ,
dans l'interrogatoire du 7 Octobre , qui
étoit le second , *de n'avoir pas tout dé-*
claré la premiere fois. Il le pria de *vou-*
loir bien le mettre à portée de réparer sa
faute ; ajoûtant *qu'il espéroit qu'on vou-*
droit bien avoir égard à sa jeunesse & à
son peu d'expérience , qui faisoit qu'il ne
savoit pas la conséquence des choses. Et
en effet , il parut bien à quel point il
l'ignoroit ; car confondant dans tout le
reste de ses réponses, les péchés avec
les crimes ; faisant un objet de déposi-
tion judiciaire de ce qui ne devoit en être
qu'un de repentir secret & de confession
ecclésiastique , il s'accusa , 1°. d'avoir
passé à vingt-cinq pas du Saint-Sacrement, sans se mettre à genoux ; 2°.
d'avoir , après gouter , dans une guin-
guette , craché sur le verre d'une boëtte
qui contenoit une Sainte - Face ; 3°.
d'avoir chanté , mais non pas en public ,
deux chansons licencieuses, qu'il récita

toutes entieres, & qui furent copiées mot pour mot dans cet interrogatoire.

Dans le troisième, du 26 Octobre, il tint le même langage. Il poussa la bonne foi, la simplicité, disons mieux, l'envie de se trouver coupable, au point de s'accuser d'orgueil sur ce que l'un des Condamnés, *en lui faisant réciter quelquefois des pièces de vers licencieuses, lui* FRAPPOIT SUR L'EPAULE QUAND IL RECITOIT, ET DISOIT: *nous ferons quelque chose de ce jeune homme-là.* Telle étoit donc son heureuse impuissance à devenir criminel, que ses efforts, même pour le paroître, étoient infructueux. Il constatoit son innocence, du moins aux yeux de la Justice humaine précisément, par les tentatives qu'il multiplioit pour la rendre suspecte.

On ne sait s'il est possible d'imaginer un spectacle plus touchant que celui de ce malheureux enfant prosterné aux pieds de son Juge *, mettant, pour ainsi

---

* Ce n'est point ici une figure de Réthorique. Ce jeune homme s'y prosterna en effet, en lui demandant pardon de n'avoir pas tout dit dans son premier inter-

lire, fa confcience au jour, récapitu-
lant toute fa conduite paffée, pour en
tirer quelques indices propres à le charger, & réduit enfin, par un excès de
fcrupule, à porter un faux témoignage
contre lui-même; car, comme on le
verra dans la fuite, fes aveux font au
moins auffi douteux qu'indifcrets. Au
milieu des convulfions que lui caufoit
fa délicateffe, le fieur Moifnel, dans la
lifte de fes fautes, en plaçoit qu'il n'a-

rogatoire. Mais il faut auffi favoir que le fieur de
Belleval, fon tuteur, l'ayant été voir dans fa prifon,
avoit fait un crime à fon pupille, de n'avoir pas
tout révélé cette premiere fois, & lui avoit recom-
mandé de ne rien cacher de ce qu'il favoit du Chevalier de la Barre. Voici le motif de cette animofité particuliere. Le fieur de la Barre arrivé chez l'Abbeffe de
Villancourt, fa tante, faifoit alors fa fociété, & rem-
plaçoit le fieur de Belleval fon voifin. Celui-ci en fut
offenfé : il ofa s'en plaindre à cette Abbeffe dans une
lettre que de la Barre intercepta. Comme il fe trouvoit
particuliérement infulté dans cette lettre, il crut devoir en propofer la vengeance audit fieur de Belleval,
un jour qu'il le rencontra fur le pont des Capucins
d'Abbeville. M. de Belleval, en ne l'acceptant pas, eut
d'autant plus lieu d'en être courroucé, qu'il ne lui fut
plus permis de voir Madame l'Abbeffe, avec laquelle
il étoit fort lié d'amitié Mais, en preffant fi vivement
le jeune Moifnel de ne rien déguifer, M. de Belleval
étoit loin de foupçonner que fes aveux indifcrets duf-
fent compromettre avec le Chevalier de la Barre le fieur
de Saveufe fon propre fils, qui fut auffi décreté. (*Note
de l'Editeur.*)

D 3

voit pas commifes; & de peur de nuire
à la vérité par des réticences, il la blef-
foit par des déclarations hafardées. Il
femble qu'une confcience fi timorée eft
incompatible avec le foupçon d'irréligion; du moins elle exclut à coup fûr
celui d'une impiété habituelle.

Ce fut pourtant en conféquence de
ces deux interrogatoires, ce fut uniquement d'après les griefs qui y avoient été
développés, que le 30 Octobre 1765,
deux nouveaux décrets de prife de corps
furent lancés contre deux autres jeunes
gens, moins âgés encore que lui, & dont
il avoit fait la confeffion en même tems
que la fienne. Il avoit déclaré dans fon
interrogatoire du 7 Octobre, avoir entendu *chanter au fieur Douville de Maillefeu la Madelaine & la Saint - Cyr* *,
QU'IL NE SAVOIT PAS BIEN, *& au fieur
Dumaifniel de Saveufe, la Madelaine
feulement.* Ce font les deux Accufés qui
implorent aujourd'hui les lumieres &
l'affiftance du Confeil.

---

* Noms fous lefquels ont été défignées au Procès les
deux chanfons licencieufes dont il a parlé.

On peut obſerver à leur égard bien des choſes.

1°. En ſuppoſant même qu'ils euſſent chanté les chanſons, quoiqu'il n'y en ait point de preuve, puiſqu'aucun témoin ne les a nommés, on ne ſauroit les ſoupçonner d'en être les auteurs. Elles ſont anciennes. L'une n'eſt qu'orduriere, l'autre eſt horrible ; mais toutes deux ſont nées au milieu de la licence des camps. Ce ſont de ces jeux de mots groſſiers & libertins que les Régimens tranſplantent ſouvent avec eux, & dont ils donnent des leçons funeſtes à la jeuneſſe des Villes où ils ſe trouvent placés. C'eſt un ſcandale puniſſable, ſans contredit ; mais enfin le châtiment doit-il être plus ſévère pour les diſciples que pour les maîtres ? & s'il eſt juſte d'avoir quelqu'indulgence, n'eſt-ce pas pour celui qui reçoit le poiſon, plutôt que pour celui qui le préſente ?

2°. Des deux Accuſés, celui qui a chanté les deux chanſons, *ne ſavoit pas bien la derniere.* Le ſecond eſt moins coupable, puiſqu'il *n'en a chanté qu'une* : elles n'ont fait aucun ſcandale, puiſque, comme on l'a dit, il n'y a pas un ſeul

D 3

témoin qui en parle , & que dans la dif-
pofition où étoient alors les efprits , on
n'auroit fans doute épargné perfonne
de ceux fur qui pouvoient tomber les
moindres foupçons. Ces circonftances
font effentielles , fur-tout fi l'on fonge
que ces deux griefs font le feul fondement d'un décret de prife de corps contre des enfans de feize ans. Tous deux
n'en avoient pas davantage.

3°. Tous deux auffi font des meilleu-
res familles de la Ville. L'un eft fils du
Lieutenant de l'Election : l'autre eft celui d'un Confeiller au Préfidial, chéri,
aimé à jufte titre dans fa patrie, honoré
de toutes les diftinctions qui peuvent
s'accorder au mérite dans la Province ,
& plus refpectable encore par fes vertus
perfonnelles, que pas les emplois où il
a eu l'occafion de les développer. Ainfi
ils tenoient un des premiers rangs parmi
la jeuneffe de la Ville. D'ailleurs on ne
leur reprochoit aucun defordre. Leur
conduite étoit jufques-là à l'abri de tout
foupçon : ce qui , d'après la raifon,
d'après l'équité , d'après le texte des
Ordonnances , fembloit devoir les ga-
rantir d'une procédure fi brufque.

Cependant ils fe trouvoient impliqués dans un Procès criminel : dans un Procès où le titre d'accufation fembloit être un crime de lèze-Majefté divine, & où par conféquent les décrets même légèrement lancés, pouvoient paroître juftifiés par l'importance de la matiere. Ce fut alors que l'on fentit les fuites terribles de cette Sentence de jonction du 8 Octobre. Ce fut alors qu'on apperçut combien il étoit intéreffant de l'attaquer, combien il étoit néceffaire de féparer les objets dont elle opéroit la confufion, & de replacer chacun à leur rang ceux qu'elle avoit raffemblés, incorporés avec tant d'imprudence.

Le 9 Décembre 1765, les Accufés fe pourvurent par appel contre les décrets, contre la Sentence du 8 Octobre, & par conféquent contre le titre d'accufation dont on avoit abufé pour les traiter avec tant de rigueur. Leur appel fut reçu par la Cour, & notifié à M. le Procureur-Général. Mais des motifs particuliers les empêcherent d'en pourfuivre le Juge-ment. Des raifons qu'ils ne font pas plus les maîtres de découvrir aujourd'hui,

D 5

qu'ils ne l'étoient alors de les combattre, ont mis un obſtacle invincible à l'inſ-truction de cette partie du Procès ; elle eſt reſtée dans le même état ; & l'Arrêt intervenu pendant l'inaction forcée qui la faiſoit languir, ne prive pas les Accu-ſés du droit de la reprendre.

Cette inaction, outre qu'elle étoit involontaire, ſe trouvoit auſſi motivée par l'eſpérance d'un Jugement plus doux. Un événement ſingulier, arrivé lors du récollement, autoriſoit les Ac-cuſés à la concevoir. Il leur étoit diffi-cile d'imaginer qu'on pourroit ſe décider à les traiter comme coupables, quand il n'exiſteroit plus contre eux l'ombre même d'une charge ; & que la Juſtice ſuſpecteroit encore leur innocence, lorſ-que la ſeule diſpoſition qui pouvoit l'a-voir attaquée, étoit entiérement dé-truite.

En effet, au récollement, le ſieur Moiſnel s'étoit enfin apperçu de ſon im-prudence. Il avoit ſenti, à la lecture de ſes deux dépoſitions, qu'elles étoient plutôt faites pour le confeſſionnal, que pour être conſignées dans une informa-

tion juridique *. Il les rétracta authen-
tiquement, & dit en propres termes,
*qu'il avoit eu tort de déclarer qu'il eût
chanté lui-même ou entendu chanter aux
sieurs Douville & Dumaisniel les deux
chansons*, qui seules faisoient son crime
& le leur ; *que quand il avoit fait ces déclarations, il avoit la tête troublée.*

Il semble que ce désaveu ne doit produire aucune impression défavorable
pour lui. Que le fait fût vrai ou non, il
est certain qu'il n'en devoit pas compte
à la Justice, dès que personne ne le con-
noissoit, dès qu'il n'avoit causé aucun
scandale ; & on doit croire qu'il n'en
avoit point causé, puisque de tant de témoins venus à révélation, pas un n'en
a parlé. Le sieur Moisnel s'exprimoit
donc avec justesse, en disant qu'il avoit
eu tort de se charger lui-même, & ses
deux amis, d'un délit caché, secret que

---

* Il est vrai qu'on avoit trouvé le moyen de le faire
sentir au sieur Moisnel, en lui faisant parvenir un mot
d'avis par l'adresse d'un Tailleur chargé, en apparence, de lui prendre mesure d'une robbe de chambre. La colère du Juge, entendant cette rétractation,
fut, dit-on, très-remarquable : le sieur Moisnel fut
chargé d'injures. (*Note de l'Editeur.*)

D 6

rien ne l'obligeoit de publier, & qui de sa nature étoit fait pour rester dans l'oubli.

Quelque valeur, au reste, qu'eût sa rétractation, relativement à lui-même, il est sûr qu'elle justifioit les deux autres Accusés. Ils n'étoient devenus coupables, ou du moins suspects, que sur sa seule parole. Sa seule parole suffisoit pour les rendre innocens. Le Juge, à qui il faut des preuves plus claires que le jour pour condamner, n'a besoin que du défaut depreuves pour absoudre. Les Accusés étoient donc dans le cas d'attendre leur renvoi pur & simple. C'est à quoi tendoient les conclusions du Ministère public; mais elles ne furent point suivies par la Sentence définitive du 26 Février 1766. Elle a condamné deux des cinq jeunes gens décrétés, aux peines les plus grièves, *& surseoit, à l'égard des trois autres, jusqu'après l'exécution.*

Cette surséance même est assurément une peine, sur-tout dans les circonstances présentes. C'étoit, comme on voit, une suite de ce premier Jugement du 8 Septembre 1765. Le Juge persistoit à vouloir unir toutes ces matières, à les regarder comme dépendantes, comme inséparables les unes des autres ; & dès qu'il condamnoit au feu deux des personnes impliquées dans le Procès, il compromettoit l'honneur des trois autres, qu'il lioit, en quelque forte, à l'infamie des premiers. C'est-là l'effet infaillible du sursis. Il semble qu'il ne peut, ou du moins qu'il ne doit s'infliger qu'à des criminels à-demi convain-vaincus du même crime. En suivant les règles de la Justice, il n'a lieu qu'envers des malfaiteurs reconnus, & contre qui on ne cherche plus qu'un supplément de preuves. Il emporte presqu'autant d'ignominie, que l'exécution. Entre le scélérat qui a reçu sa condamnation, & celui qui l'attend, elle ne laisse presque d'autre différence que le supplice. Si un pareil délai peut être envisagé comme une grace pour le crime, c'est un affront insupportable pour l'innocence ; & le Juge qui ordonne une remise aussi cruelle, doit hésiter autant à la prononcer, que pour se fixer à la décision la plus sévère.

On avoue que l'Arrêt a confirmé cette disposition de la Sentence comme

les autres ; mais on peut obferver que
les Accufés, tous mineurs, n'ont été
défendus en aucune manière : la feule
tentative qu'on ait hafardée en leur faveur, c'eft l'appel. Depuis ce moment,
on eft refté, à leur égard, dans le filence
le plus exact ; de forte que les Juges fou-
verains ont ignoré une foule de chofes
qu'il auroit été très-important qu'ils
appriffent, & qui auroient jetté une
grande lumière fur tout le Procès, quoiqu'elles ne fuffent pas d'une efpèce à y
entrer.

Par exemple, on auroit dû leur apprendre que, fans vouloir élever contre
le Juge d'Abbeville une inculpation
perfonnelle & odieufe, il y avoit pourtant bien des raifons qui devoient lui
interdire la connoiffance de cette affaire.
Des cinq Accufés, il y en a quatre dont
les parens ont eu avec lui, ou des torts,
ou des procédés qui peuvent lui paroître
mériter ce nom. Parconféquent il n'auroit pas dû fe préfenter pour les juger,
& moins encore pour inftruire le Procès où ils font compromis.

Le fait eft tout récent. Il fe trouvoit
Curateur d'une jeune perfonne, riche

& fa parente. Il avoit formé le projet
de la marier à fon fils unique. Il avoit
follicité vivement la Supérieure d'une
Maifon religieufe où demeuroit la De-
moifelle, de travailler pour l'amener à
fes vûes. Cette Supérieure s'y étoit
refufée. On avoit tenu, devant un Confeiller au Préfidial, une affemblée de
parens pour le dépouiller, malgré lui,
du titre de Curateur, & conclure le
mariage de la mineure avec un étranger. Or, des quatre Accufés, le premier
eft parent proche & chéri de la Supérieure ; le fecond & le troifième font, l'un
frere, l'autre coufin-germain du rival
préféré ; & le quatrième eft fils du Confeiller devant qui l'affemblée s'eft te-
nue. Le reffentiment de l'Affeffeur avoit
éclaté. Il fembloit que la délicateffe, la
décence, & même l'équité, lui ordonnoient de fe déporter d'un Jugement
où il voyoit compromifes tant de perfonnes qu'on pouvoit le foupçonner de
ne pas aimer.

Il y a plus. La Sentence définitive &
les Décrets de prife de corps des deux
derniers Accufés, pourroient être atta-
qués vivement dans la forme. Des trois

Juges qui les ont fignés, l'un eft Avocat, dont l'état ne paroît rien moins
que certain. La Compagnie des Avocats d'Abbeville s'eft oppofée à fa ré-
ception par un acte juridique, dont la
force n'eft point anéantie ; & celle de
l'Election de la même Ville, dont il a
acheté la Préfidence, a également re-
fufé de l'admettre. Elle a actuellement
contre lui un Procès à la Cour des
Aides, pour fe difpenfer de l'avoir pour
Chef. Deux exclufions authentiques ne
devoient pas, ce femble, être un titre
pour le faire monter fur un Siège où il
s'agiffoit de décider de l'honneur & de
la vie de plufieurs Citoyens, d'autant
plus qu'il y avoit d'autres Juges qu'on
pouvoit appeller ; d'autant plus qu'en
lui fuppofant la qualité d'Avocat, il
feroit le dernier reçu, & que l'ordre du
tableau ne permettoit de recourir à lui.
qu'après avoir demandé le fecours de
tous les autres ; d'autant plus qu'on lui
contefte jufqu'à fes grades ; qu'il y a des
actes de lui fignés en qualité de Procureur, précifément dans le tems même
qu'il étoit cenfé faire fes étude de
Droit ; d'autant plus enfin que fa con-

düite perſonnelle * répugnoit aux fonctions de Juriſconſulte , & plus encore
à celles de Juge. Il eſt notoire que ſon
unique occupation eſt le commerce , &
on ne ſeroit pas embarraſſé à trouver
des Sentences des Conſuls, qui lui enjoignent de *produire ſes livres.*

Il eſt à croire que ſi toutes ces particularités avoient été remiſes ſous les
yeux de la Cour, & prouvées comme
elles le ſeront, ſi on eſt dans le cas d'en
faire uſage , elle auroit apporté une attention plus rigoureuſe , non pas au
fonds du Procès, mais à ces détails qui
ne lui ſont pas étrangers à beaucoup
près, & qui l'éclairciſſent. En rappro-
chant les interrogatoires du Sr Moinel,
la Sentence de jonction, les Décrets,
& cette affectation de chercher au dernier rang des Juriſconſultes un Particulier qui n'y eſt tout au plus que

---

* La ſœur de cet Avocat a plaidé au Parlement pour
faire caſſer ſon téſtament , ſur ce qu'on ne pouvoit
faire à une femme , avec laquelle on avoit vécu publiquement en concubinage , des avantages auſſi conſi-
dérables que ceux qu'il avoit faits à la Dame veuve
D***. qu'il avoit connue du vivant même de ſon
mari. (*Note de l'Editeur.*)

toléré, pour lui confier un Jugement
de la derniere importance ; elle auroit
craint que tant de myftères , tant de
démarches obfcures n'enveloppaffent
quelque fyftême caché : & peut-être
l'auroit-elle découvert.

On dit, à la vérité, pour motiver l'in-
vitation faite à cet Avocat de monter fur
le Tribunal, que la parenté avec les Ac
cufés en écartoit tous les Juges & tous
les Avocats; mais cette parenté n'étoit
pas générale, elle n'embraffoit pas les
deux Compagnies : d'ailleurs les Juges
auroient dû fe déporter en règle. Les
Ordonnances prefcrivent les formalités
qui doivent s'obferver en pareil cas ; &
l'on peut affurer qu'il n'y en a eu aucunes de pratiquées. De même on auroit
dû , fuivant les Ordonnances encore ,
s'aftreindre à l'ordre du tableau, pour
appeller les Avocats fur le Siège, & c'eft
ce qu'on n'a point fait.

De plus, pour répondre complette-
ment à l'efpèce d'objection que peut
faire naître l'Arrêt contre les démarches
des Accufés, on peut ajoûter qu'il n'a
point fait droit fur leur appel du 9 Décembre 1765. En confirmant la fur-

féance à leur égard , il femble avoir craint de changer leur état, & de leur ôter le pouvoir de fuivre jufqu'au bout la voie qu'ils avoient embraffée pour défendre leur innocence. Ce furfis n'opère dans leur façon d'être , relativement à la Juftice, aucune innovation; & fi, avant qu'il fût prononcé , ils avoient le droit de demander à fe juftifier , il femble que depuis même qu'il l'eft , ce droit leur refte encore.

D'après ces faits qui font exacts & certains, on prie donc le Confeil de vouloir bien tracer aux Accufés la voie qu'ils doivent fuivre dans leur défenfe. Il eft sûr en général qu'il eft à craindre pour eux d'être de nouveau traduits devant le Tribunal d'Abbeville. Ils y courroient des rifques plus redoutables pour eux, que tout ce qui précède. Les Juges dont ils auroient décliné la jurifdiction, auroient alors une raifon de plus pour les pourfuivre, finon par des Sentences, au moins par des follicitations. En évitant de les avoir pour Juges, ils rifqueroient de les avoir pour Parties; & fi les Accufés veulent jamais en venir avec eux à cette extrémité, il faut que ce foit ouvertement, avec l'éclat qui convient à l'innocence outragée , & non dans ces fouterreins obfcurs , où les recommandations , les intrigues , les liaifons fecrettes ont fouvent plus de force que l'équité.

CONSULTATION.

LEs Soussigne's qui ont vu le Mémoire d'autre part ,

Sont d'avis que les trois Accufés pour lefquels on confulte , font bien fondés à fe pourvoir contre l'Arrêt qui a confirmé la Sentence du Juge d'Abbeville, par laquelle il a été furfi de ftatuer, à leur égard , jufqu'après l'exécution d'un Accufé qui a été condamné au dernier fupplice.

Il y a , dans les Procédures & dans les Jugemens intervenus dans cette affaire , des vices qui ne peuvent être réformés que par des Tribunaux fupérieurs : ainfi l'on peut employer la voie de la Requête civile , ou celle de la révifion.

Quant à la REQUETE CIVILE , cette

voie n'eſt pas fort uſitée en matière criminelle ; on n'en trouve même aucune
trace dans les diſpoſitions de l'Ordonnance de 1670. Elle eſt néanmoins
autoriſée par pluſieurs monumens de
Juriſprudence rapportés dans le Dictionnaire des Arrêts, & même par une
Déclaration poſtérieure à cette. Loi.
C'eſt celle du mois de Février 1682.
Elle porte expreſſém nt que „ les Re-
„ quêtes civiles que l'on prendra doré-
„ navant contre les Arrêts rendus en
„ la Chambre Tournelle du Parlement
„ de Toulouſe, feront plaidées en la-
„ dite Chambre Tournelle, ſans que
„ la Grand'Chambre en puiſſe prendre
„ connoiſſance ".

Bornier (a), en citant cette Loi, obſerve que la Requête civile eſt ſur-tout
favorablement reçue lorſqu'elle eſt em-
ployée par l'Accuſé : en ſorte que l'on
peut dire qu'il n'y a proprement d'autre différence entre la Requête civile
qui s'obtient en matière criminelle, &
la réviſion, ſinon que celle-ci eſt em-

_____

(a) Voyez Bornier, ſur l'article 34 du
titre 35 de l'Ordonnance de 1667.

ployée plus ordinairement en cette matière, parce qu'elle n'embraſſe pas ſeulement les moyens de forme, qui font
le principal objet de la Requête civile,
mais encore ceux du fonds. C'eſt auſſi
par cette raiſon que l'on conſeille de
préférer cette derniere voie.

Il ne reſte donc plus qu'à tracer ici,
en peu de mots, les moyens particuliers ſur leſquels cette réviſion peut être
fondée.

Le premier ſe tire de ce que l'Arrêt
n'a point ſtatué ſur l'appel que les Accuſés avoient interjetté de la Sentence
de jonction rendue dans les premiers
tems de l'inſtruction faite à Abbeville,
& qu'il n'eſt pas fait mention, dans le
vu de l'Arrêt, de cet appel, quoiqu'il
ait été relevé, & qu'on ait intimé M.
le Procureur-Général en conſéquence.
Ce moyen eſt fondé ſur l'article 34 du
titre 35 de l'Ordonnance de 1667,
qui admet à ſe pourvoir contre des
Arrêts où l'on a *omis de prononcer ſur
quelques-uns des chefs de demande.*

Un ſecond moyen qui ſert à démontrer la néceſſité qu'il y avoit de ſtatuer
ſur cet appel, ſe tire de l'irrégularité

& de l'injuſtice de la Sentence qui en
étoit l'objet. En effet, de quelqu. côté
qu'on enviſage cette Sentence de jonction, ſoit par rapport au tems où elle a
été rendue, ſoit par rapport à la qualité des Procédures qui ont fait la matière de cette jonction, ſoit enfin par
rapport aux conſéquences qui en ont
réſulté contre les Accuſés, l'on ne peut
s'empêcher de convenir qu'il n'eſt pas
poſſible de la laiſſer ſubſiſter.

D'abord, quant au *tems* où cette
jonction a été prononcée, perſonne
n'ignore qu'il n'en eſt pas des matières criminelles, ſur ce point, comme
des matières civiles. Dans celles-ci,
la jonction peut-être ordonnée en tout
état de Cauſe, parce qu'elles ſont auſſi
également ſuſceptibles de disjonction
dans tous les tems : au lieu qu'en matière criminelle, où les Procédures
doivent ſe faire dans le ſecret, il n'eſt
pas poſſible de s'aſſurer s'il y a lieu de
les joindre avec d'autres qui paroiſſent
relatives à la même accuſation, avant
que l'inſtruction ſoit entièrement ache-
vée. Ces Procédures ne prennent la qualité de *criminelles*, que par le réglement

à l'extraordinaire ; & les preuves qui en
réfultent, ne peuvent avoir de confiftan-
ce, que par le récollement des témoins
& leurs confrontations à l'Accufé, qui
peut alors les reprocher. Il eft donc
certain qu'on ne peut ordonner cette
jonction avant ce même tems-là, attendu qu'elle n'a & ne peut avoir d'autre objet, que d'empêcher la multipli-
cité des Jugemens, c'eft-à dire, de
mettre les Juges en état de ftatuer, par
un feul & même Jugement, fur toutes
ces différentes procédures.

Il n'y a qu'un feul cas où la jonction
peut être faite avant ce tems-là en matière criminelle ; c'eft celui marqué par
l'article 5 du titre premier de l'Ordonnance de 1670, par lequel il eft dit
que „ les groffes des informations qui
„ compofent le Procès, ou qui y au-
„ ront été jointes, enfemble les infor-
„ mations, pièces & procédures faites
„ devant tous autres Juges, concernant
„ l'accufation, doivent être portées au
„ Greffe du Juge pardevant lequel
„ l'Accufé fera conduit, *s'il eft ainfi par
„ lui ordonné* “. Mais l'on fent d'avance
que ce ne peut être ici le cas de l'application

plication de cet article qui n'a pour
objet que la jonction des procédures
qui ont été faites par différens Juges,
& qui concernent la même accusation :
au lieu que dans l'espèce particulière,
il s'agissoit de procédures faites par le
même Juge contre différentes personnes accusées de crimes différens ; la première accusation ayant pour objet un
sacrilège commis par la mutilation d'un
CHRIST ; & la derniere, qui concerne
singulièrement les trois Accusés dont il
s'agit, portant sur des *Blasphêmes* par
eux prétendus commis, pour avoir
chanté des chansons dont ils n'étoient
point les auteurs.

Rien ne peut donc, encore une fois,
excuser la précipitation du Juge d'Abbeville à ordonner, comme il a fait,
la jonction de deux procédures dont
les objets sont différens, sur la seule
plainte & information faite contre les
Accusés, sans attendre que la procédure
eût été réglée à l'extraordinaire, &
que les témoins eussent été récolés &
confrontés. Cette jonction prématurée
a eu, pour les Accusés, les conséquences les plus fâcheuses, en ce qu'elle a

E

mis les Juges dans la nécessité de les comprendre dans le Jugement définitif qu'ils ont rendu contre les deux condamnés ; la jonction ne pouvant, comme on l'a dit, avoir lieu en matière criminelle *.

Un troisième moyen qui frappe singulièrement sur la Sentence définitive, confirmée par l'Arrêt, consiste en ce que le Juge qui a présidé à ces Sentences, a affecté de choisir pour Assesseur un Gradué, quoiqu'il y eût dans le Siège des Officiers qui n'étoient pour lors ni absens, ni récusés, ni même récusables. Que de plus, dans ce nombre des Gradués qui sont attachés à

---

* C'est pourtant le Juge capable de faire une pareille faute dans une instruction aussi importante, que l'Auteur d'un nouveau *Style criminel* fait regarder dans une petite Préface écrite d'un style très-précieux, comme un Jurisconsulte des plus éclairés, un des meilleurs Praticiens dans les formes criminelles. Quelques-uns soupçonnerent, mais sans doute à tort, que cet oubli des formes avoit un motif : en confondant ces deux plaintes, en instruisant à la fois contre le fils du Conseiller au Présidial, & contre de la Barre, ce Juge écartoit, disent-ils, un Magistrat qui, par son rang d'ancienneté, & par l'exclusion que donnoit la parenté aux autres Juges, seroit devenu nécessairement le Juge du Chevalier avec lui. (*Note de l'Editeur.*)

ce même Siege, il a affecté de ne point prendre le plus ancien , fuivant l'ordre du tableau ; & que même celui qu'il a choifi , ne faifoit point profeffion actuelle de l'état d'Avocat. En quoi l'on peut dire que ce Juge a commis plufieurs contraventions aux Lóix du Royaume : d'abord à l'art. 11 du titre 25 de l'Ordonnance de 1670, qui veut „ qu'il ne foit pris des Gradués, „ qu'en cas que quelqu'un des Officiers „ fût abfent, récufé, ou s'abftienne „ pour caufe légitime, jugée telle par le „ Siège ". 2°. A l article 20 du titre 14 de l'Ordonnance de 1667, qui veut „ qu'en cas de récufation de quel-„ ques Juges, il foit procédé par un „ autre des Juges ou Praticien du Siège, „ *non fufpeēt* aux Parties, felon l'ordre „ du tableau " 3°. Enfin aux articles 17 & 19 de l'Ordonnance de François Ier. en Décembre 1540 (*a*), qui portent „ qu'il ne fera pris Confeillers, Avocats „ ou Praticiens en Cour, autres que

---

(*a*) Voyez la Conférence de Guenois, Liv. 2, tit. 5, des Conventions.

„ ceux réſidans & *pratiquans* en ladite
„ Cour où ils feront les Conſultations,
„ & qui auront, *pendant trois ans con-*
„ *tinuels*, réſidé *& pratiqué* en icelle
„ Cour, s'ils y ſont ; & qu'autrement
„ l'on pourra aller au plus prochain lieu
„ d'autre Siège, où il y aura gens ſa-
„ vans & pratiquans, de telle qualité
„ que deſſus. . . . . Et que, où celui
„ qui tient le Siège ſe trouve récuſable,
„ il ſera tenu céder le lieu à autre Juge,
„ ſi aucun y en a alors de l'expédition ;
„ & s'il n'y en a, *au plus ancien Avo-*
„ *cat* ".

C'eſt en faiſant l'application de ces
Loix à l'eſpèce particuliere, que l'on
pourra faire valoir ces moyens particuliers de récuſation & d'incapacité, qui
ſont énoncés dans le Mémoire, ſi l'on
eſt en état d'en adminiſtrer la preuve
par des actes de notoriété, ou AUTRE-
MENT.

Un quatrième moyen qui eſt com-
mun à tous les Accuſés, eſt fondé ſur
l'article 35 du titre 35 de l'Ordonnance de 1667, qui admet les mineurs
à ſe pourvoir contre les Jugemens où
ils n'ont point été défendus, ou ne

l'ont pas été valablement. Le plus âgé des Accuſés, comme on l'obſerve dans le Mémoire, a à peine atteint la dix-ſeptième année. L'on vient de voir d'ailleurs qu'on a totalement négligé leur défenſe, en ne donnant point ſuite à l'aopel de la Sentence de jonction, qui étoit ſi intéreſſant pour eux. Mais cette négligence paroît bien davantage encore, en ce qu'on ne leur a point fait donner, ſoit en premiere inſtance, ſoit ſur l'appel, les requêtes *d'attenuation*, qui ſont uſitées en pareil cas, & qui ſont formellement autoriſées par la diſpoſition de l'article 3 du titre 2 de l'Ordonnance de 1670.

En vain oppoſeroit-on à cet égard la différence que les Loix mettent entre la défenſe des mineurs en matière criminelle, & celle en matière civile, où ils ne peuvent procéder ſans l'aſſiſtance de leurs tuteurs ou curateurs. On convient que lorſqu'il s'agit de défendre à une *accuſation*, les mineurs n'ont pas plus de privilège que les majeurs, & qu'ils ſont tenus, comme eux, de répondre par leur propre bouche, parce qu'ayant été capables de commettre le

E 3

crime , ils font cenfés être en état de fe
défendre ; mais cette rigueur doit ceffer
abfolument lorfque , comme dans le
cas particulier , il s'agit de la *forme* de
l'inftruction, à laquelle les mineurs , &
fur-tout lorfqu'ils font prifonniers tels
que l'un des Accufés , n'étant point en
état de veiller par eux-mêmes , & encore moins d'en relever les nullités , il
eft jufte de les laiffer jouir à cet égard
des mêmes privilèges qui leur font accor-
dés en matière civile ; & il n'y auroit pas
plus de raifon de les en priver, que de
leur interdire la voie de la Requête civile , dont c'eft ici l'un des moyens les
plus ordinaires.

Enfin un cinquième moyen qui frappe
fur le fond , réfulte de la foibleffe , ou
plutôt de la fauffeté évidente des imputations alléguées contre les Accufés.
D'abord, quant à celui qui eft actuellement prifonnier, les prétendues preuves
qu'on lui oppofe fe tirent d'une part des
dépofitions des témoins ouis dans l'information fur laquelle il a été décrété ,
& de l'autre des aveux par lui faits dans
un fecond interrogatoire. Mais par rapport aux *dépofitions ,* bien loin qu'il en

puiſſe réſulter aucune preuve contre cet
Accuſé, on peut dire qu'elles ne ſervent
au contraire qu'à favoriſer ſa juſtification, en ce qu'en même tems que les
témoins y déclarent avoir vu l'Accuſé
dans la compagnie de deux jeunes gens
qui paſſoient devant la Proceſſion du
Saint Sacrement, ayant leur chapeau ſur
leur tête, ils ajoûtent que l'Accuſé avoit
le ſien ſous le bras. Quant à l'*aveu* par
lui fait dans ſon interrogatoire, d'avoir
chanté des chanſons impies & blaſphématoires avec les deux Accuſés contumax, pour faire juger du peu d'égard
que doit mériter un pareil aveu, il ſuffira d'obſerver 1°. qu'il eſt directement
contraire aux déclarations que ce même
Accuſé avoit fait faites dans ſon premier
interrogatoire ſous la religion du ſerment ; 2°. qu'il a été fait dans des circonſtances qui ne permettent de le regarder que comme l'effet de l'altération
de ſon eſprit, cauſée par les vives impreſſions qu'avoit faites ſur lui l'horreur
d'une priſon, jointe à l'appareil d'une
procédure extraordinaire & à la foibleſſe de ſon âge : altération prouvée
d'ailleurs par la ſingularité des détails où

E 4

il eſt entré ſur de certains points qui
étoient uniquement du reſſort du Tribunal de la pénitence , & qui en tout
cas ne pourroient nullement ſe concilier
avec cet eſprit d'irréligion que ſuppoſe
le crime dont on l'accuſe. 3°. Enfin ce
qui paroît trancher abſolument toute
difficulté à cet égard , c'eſt la rétractation
qu'il a faite de ces mêmes aveux dans un
dernier interrogatoire.

En effet cette rétractation eſt d'autant
plus importante en cette matière, qu'elle
comprend en même tems les déclarations
que cet Accuſé avoit faites contre les
deux *contumax*, & qui formoient préciſément la ſeule preuve que l'on oppoſe
à ces derniers. Ainſi , quand ceux-ci
n'auroient déja pas en leur faveur les
principes & les circonſtances qui s'éle-
vent contre ces ſortes de déclarations ,
il ſuffit pour les écarter entièrement ,
que celui qui les a faites n'y ait point
perſiſté ; parce qu'en effet, de même que
les dépoſitions des témoins n'ont & ne
peuvent avoir de force qu'autant qu'elles
ſont confirmées par leur récollement,
l'on ne doit pas avoir égard aux déclarations d'un Accuſé , lorſqu'il vient à les

rétracter dans son récollement sur son interrogatoire.

Délibéré à Paris le 27 Juin 1766. Signés,

CELLIER,	TIMBERGUE.
D'OUTREMONT,	BENOIST fils,
MUYART DE VOUGLANS,	TURPIN,
GERBIER,	LINGUET.

Nota. On a fait dans l'impreſſion de cette Conſultation le retranchement ſuivant, pour des raiſons particulieres qui ne ſubſiſtent pas ici.

Enfin un dernier moyen qui frappe également ſur la diſpoſition de la Sentence définitive & de l'Arrêt, par laquelle il eſt ordonné un ſurſis à l'égard des trois Accuſés juſqu'après l'exécution de cette Sentence, ſe tire de l'irrégularité & de l'injuſtice que renferme cette diſpoſition, d'abord en ce qu'elle introduit une forme de prononcer qui a été juſqu'ici inconnue, ſur-tout dans les premiers Tribunaux, & qui eſt abſolument contraire à la lettre & à l'eſprit de l'Ordonnance, ſuivant laquelle, dès le moment que le procès a été réglé à l'extraordinaire & ſuivi de confrontation,

E $

les Juges ne peuvent plus prononcer que par abſolution ou condamnation, ou tout au plus par un hors de Cour, ou un plus amplement informé ; (art. 4 du tit. 20 de l'Ordonnance de 1670 ; voyez auſſi le procès-verbal de conférence ſur cet article) & qui, en un mot, à le ſuppoſer admiſſible, ne pourroit l'être qu'autant qu'elle ſeroit précédée d'une autre diſpoſition qui pût lui donner quelqu'effet, en mettant le condamné dans la néceſſité de faire une déclaration pour ou contre les Accuſés, à l'égard deſquels on ordonne le ſurſis : l'on veut parler de celle par laquelle on auroit ordonné la queſtion préalable contre ce même condamné, parce qu'en effet, en n'ordonnant point cette queſtion, comme dans le cas particulier, l'on laiſſe néceſſairement le ſort de ces derniers dans une perpétuelle incertitude, à cauſe de la liberté qu'ont les condamnés de faire ou ne point faire de teſtamens de mort; car enfin, s'ils n'uſent point de cette liberté, l'on pourra dire que ce n'a été que dans la vue de favoriſer l'accuſé qui n'en reſtera pas moins noté aux yeux du Public, que s'il avoit effuyé un hors de Cour.

En fecond lieu, parce que cette dif-
pofition eft abfolument illufoire, en
ce qu'elle fait dépendre le fort des accufés des déclarations d'un condamné,
qui, fi elles leur font contraires, ne
peuvent mériter aucun égard ; & cela,
non-feulement parce que, comme l'ob-
fervent les Auteurs, il y a des accufés
dont la méchanceté ne les quitte qu'a-
vec la vie ; (voyez Bruneau, obf. cri.
tit. 21, max. 7 : voyez Jul. Clar. liv.
5, fin. Prat. crim 21, 20) mais encore
parce que l'infamie que produit leur
condamnation, les rend également incapables d'être témoins & accufateurs :
auffi ces mêmes Auteurs conviennent
unanimement que ces fortes de déclarations ne peuvent fervir qu'à donner
lieu à la capture de ceux contre lefquels
elles font faites ; & encore veulent-ils
pour cela, qu'il y ait un corps de délit
conftant, & que le crime qui fait le
titre de l'accufation, foit de nature à
ne pouvoir être commis que par différentes perfonnes : c'eft ce qu'on ne peut
dire affurément dans l'efpèce particuliere.

E 6

Mais il y a plus, cette difposition eſt
abſolument irréguliere & illuſoire. Elle
eſt encore ſouverainement injuſte, en
ce que le ſurſis qu'elle ordonne, ſuppoſe néceſſairement de deux choſes
l'une, ou qu'il y a déjà au procès quelque preuve acquiſe contre les accuſés,
de manière qu'il ne manque plus que
la déclaration du condamné pour la
rendre complette, ou bien que l'on a
regardé la déclaration que pouvoit faire
le condamné, comme capable de former ſeule cette preuve. Or l'on vient
de voir d'après les principes les plus
notoires, qu'il n'eſt pas poſſible d'eſpé-
rer aucune preuve concluante de l'événement de l'exécution. Il ne reſte donc
plus qu'à écarter pareillement, d'après
les faits contenus dans le Mémoire,
celle que l'on voudroit faire réſulter des
charges & informations.

_____

Le Mémoire que nous venons de lire,
avoit jetté un ſi grand jour, un jour ſi
odieux ſur le procès, qu'il ne ſe trouvoit plus de Juges qui vouluſſent ſuivre
l'inſtruction contre les autres co-accu-

fés. On intéreſſa enfin l'un des Juges de la Barre, qui avoit ſignalé ſa clémence, à quitter la campagne qu'il habitoit ordinairement. Il crut devoir du moins admonêter le jeune & infortuné Moiſnel qu'on avoit vu transféré de priſon en priſon, accompagnant partout le Chevalier de la Barre, & qu'on croyoit près de partager ſon ſort. Les deux autres contumaces n'eurent pas même beſoin de ſe repréſenter, & furent renvoyés abſous purement & ſimplement. Ils s'adreſſerent à ce Juge dans ces circonſtances, & lui préſenterent la Requête ſuivante.

A Monſieur, M. LEFEBVRE DEVILLERS, Juge-Criminel en la Sénéchauſſée de Ponthieu, & Rapporteur du Procès des Parties.

SUpplient humblement, Pierre-François Dumaiſniel de Saveuſe & Pierre-Jean-François Douville de Maillefeu, demeurans en la Ville d'Abbeville; diſant, qu'il s'eſt commis l'an née derniere la nuit du 8 au 9 Août, *un attentat étrange* en cette Ville. Un Crucifix de bois expofé fur le pont-neuf à la vénération publique a été mutilé ; cette mutilation a donné lieu aux pourfuites les plus rigoureufes de la part de M. le Procureur-du-Roi en ce Siège pour en découvrir les Auteurs & les faire punir.

Ce Magiftrat ayant rendu une autre plainte dans cette affaire, fur des impiétés & blafphêmes commis dans la Ville, les Supplians ont eu le malheur d'être impliqués dans ce Procès, & d'être décrétés de prife-de-corps, par Sentence du trente Octobre audit an 1765 ; ils ont appris que la caufe de leur décret étoit que le fieur Moifnel, l'un des accufés, avoit dit, dans un interrogatoire, avoir entendu chanter à Douville de Maillefeu, deux chanfons licencieufes défignées au Procès fous le nom de *la Madelaine* & la *Saint-Cyr*, *qu'il ne favoit pas bien*, & au fieur Dumaifniel de Saveufe, *la Madelaine* feulement.

Les Supplians qui étoient fort affurés de ne pas avoir chanté ces chanfons, n'ont pas redouté l'inftruction qui a été faite par contumace contre eux, pour en acquérir la preuve.

Le fieur Moifnel qui les avoit accufés de leur avoir entendu chanter ces chanfons, a reconnu lui-même au récollement l'injuftice de fon acccufation. Il a dit qu'il avoit eu tort de déclarer qu'il eût entendu chanter aux Supplians les deux chanfons *qui feules faifoient leur crime*, & qui avoient donné lieu au décret rigoureux décerné contre eux.

Ne fe trouvant aucune charge telle qu'elle foit contre les Supplians, ils étoient dans le cas d'attendre promptement leur renvoi *pur & fimple* de cette accufation ; mais comme les Supplians fe trouvoient impliqués dans un Procès où il y avoit plufieurs accufés, ils ont été détenus dans les liens du décret pendant dix mois & plus. Ils ont été obligés pendant ce long intervalle d'être fugitifs ; & ce n'a été que le 10 de Septembre, préfent mois, que les Supplians, fe trouvant pleinement juftifiés par la rétractation du fieur *Moifnel*, du fait qu'il leur avoit mal-à-propos imputé, vous les avez, par votre Sentence définitive, déchargés & renvoyés de l'accusation : la justice que vous avez eu la bonté de rendre aux Supplians, ne seroit pas entière si elle n'étoit pas connue & publique.

L'affaire malheureuse dans laquelle ils ont été enveloppés, a acquis dans le Royaume, & même dans les pays étrangers la plus grande publicité. Elle a fait l'objet de tous les entretiens & des Papiers publics pendant un long temps ; on en a nommé tous les accusés ; on leur a imputé des crimes horribles. Deux d'entre les accusés ayant été condamnés à des peines capitales, les Supplians qui étoient compris dans le Procès, ont eu la douleur de voir leurs noms dans l'Arrêt de condamnation, qui a été imprimé, affiché & distribué dans toute la France.

Il est de la dernière importance pour les Supplians d'effacer les impressions sinistres que le Public a prises sur leur compte. Il faut que leur innocence soit connue & publique, & ils ne sauroient la faire éclater qu'en obtenant de vous la permission de faire imprimer la Sentence qui a prononcé leur absolution.

CE CONSIDERÉ, Monsieur, il vous plaise permettre aux Supplians de faire imprimer, afficher & publier votre Sentence dudit jour 10 Septembre, présent mois, qui les a déchargés de l'accusation intentée contre eux en ce qui les concerne, & vous ferez justice, constituant *Nicolas Berte* pour leur Procureur. Présenté le 18 Septembre 1766, DUMAISNIEL DE SAVEUSE, DOUVILLE DE MAILLEFEU. *BERTE, avec paraphe.*

Soit fait ainsi qu'il est requis. A Abbeville, ce dix-huit Septembre mil sept cent soixante-six. Signé, LEFEBVRE DE VILLERS, avec paraphe.

EXTRAIT des Minutes du Greffe Criminel de la Sénéchaussée de Ponthieu à Abbeville.

NOus, par notre Sentence & Jugement, avons déclaré la contumace bien instruite contre Pierre-Jean-

François Douville de-Maillefeu , & Pierre-François Dumaifniel de Saveu- fe, & prononçant fur le chef d'accufa- tion formé contre eux, les en avons déchargés & renvoyés quittes & abfous. Fait & arrêté eñ la Chambre du Confeil criminel de la Sénéchauffée de Pon- thieu, à Abbeville, ce dix Septembre mil fept cent foixante-fix. *Signé*, Le- FEBVE DE VILLERS , CRIGNON, & LEFEBVRE , *avec paraphes.*

LETTRE

De Monfieur CASSEN, *Avocat au Confeil du Roi, à Monfieur le Marquis de* BECCARIA.

Le 15 Juillet 1766.

IL femble , Monfieur , que toutes les fois qu'un génie bienfaifant cherche à rendre fervice au genre-humain, un démon funefte s'éleve auffi-tôt pour dé- truire l'ouvrage de la raifon.

A peine eûtes-vous inftruit l'Europe

par votre excellent Livre fur les Délits
& les Peines, qu'un homme, qui fe dit
Jurifconfulte, écrivit contre vous en
France ; vous aviez foutenu la caufe de
l'humanité, & il fut l'Avocat de la barbarie. C'eſt peut-être ce qui a préparé
la cataſtrophe du jeune Chevalier de la
Barre, âgé de dix-neuf ans, & du fils
du Préſident de B***. qui n'en avoit pas
encore dix-huit.

Avant que je vous raconte, Monfieur,
cette horrible aventure qui a indigné
l'Europe entiere, (excepté peut-être
quelques fanatiques ennemis de la nature
humaine) permettez-moi de pofer ici
deux principes que vous trouverez in-
conteſtables.

1°. Quand une nation eſt encore aſſez
plongée dans la barbarie pour faire fubir
aux Accuſés le fupplice de la torture,
c'eſt-à-dire, pour leur faire fouffrir mille
morts au lieu d'une, fans favoir s'ils font
innocens ou coupables, il eſt clair au
moins qu'on ne doit point exercer cette
énorme fureur contre un Accuſé quand
il convient de fon crime, & qu'on n'a
plus befoin d'aucune preuve.

2°. Il eſt auſſi abfurde que cruel de

punir les violations des ufages reçus dans un pays, les délits commis contre l'opinion régnante, & qui n'ont opéré aucun mal phyfique, du même fupplice dont on punit les parricides & les empoifonneurs.

Si ces deux règles ne font pas démontrées, il n'y a plus de loix, il n'y a plus de raifon fur la terre : les hommes font abandonnés à la plus capricieufe tyrannie, & leur fort eft fort au-deffous de celui des bêtes.

Ces deux principes établis, je viens, Monfieur, à la funefte hiftoire que je vous ai promife.

Il y avoit dans Abbeville, petite Cité de Picardie, une Abbeffe, fille d'un Confeiller d'Etat très-eftimé. C'eft une Dame aimable, de mœurs très - régulieres, d'une humeur douce & enjouée, bienfaifante, & fage fans fuperftition.

* Un nommé *Soicourt*, efpèce de Ju-

---

* Il y avoit un autre début dans des Editions antérieures à cette dernière. On y chargeoit M. de Belleval. C'étoit fa haine qui paroiffoit avoir provoqué, pouffé le fieur de Soicourt. On a bien fait de fupprimer ce paffage. Tout le mal que fit cet Officier de l'Election, fe réduit à ce que nous en avons dit dans une note. Il eft regardé d'ailleurs dans fa patrie com-

risconsulte d'Abbeville *, était ulcéré
contre cette Dame, parce que lui ayant
demandé pour son fils une Demoiselle
riche & de qualité, pensionnaire dans
ce Couvent, elle l'avait mariée à un autre. Ce *Soicourt* venait encore de perdre
un procès contre un citoyen d'Abbeville, pere d'un des jeunes gens qui furent impliqués dans l'horrible aventure
du Chevalier de la Barre. *Soicourt* cher-
chait à se venger. Il avait tout le fanatisme du Capitoul de Toulouse, David,
principal assassin des Calas, & il joignait
l'hypocrisie à ce fanatisme.

Madame l'Abbesse avait fait venir chez
elle dans ce tems-là, en 1764, le Chevalier de la Barre son neveu, petit-fils
d'un Lieutenant-Général des Armées,
mais dont le pere avait dissipé une for-
tune de plus de quarante mille livres de
rente. Elle prit soin de ce jeune homme,
comme de son fils, & elle était prête de

---

me un honnête Citoyen. Nous voyons que l'Auteur
qui a écrit sous le nom de M. d'Étalonde, dans sa
Requête au Roi, a voulu corriger encore mieux cette
erreur ; mais la manière dont il le fait, est gauche &
embarrassée.

* C'étoit réellement un Magistrat

lui faire obtenir une compagnie de Cavalerie : il fut logé dans l'extérieur du Couvent, & Madame sa tante lui donnait souvent à souper, ainsi qu'à quelques jeunes gens de ses amis. Le sieur *Soicourt* commença d'abord par accuser ce Chevalier, auprès de l'Evêque d'Amiens, de s'être habillé en fille dans le Couvent.

Il sut que le Chevalier de la Barre & le jeune d'Etalonde, fils du Président de la Ville, avaient passé depuis peu à quarante pas d'une Procession de Capucins, sans ôter leur chapeau : c'était au mois de Juillet 1765. Il chercha dès ce moment à faire regarder cet oubli momentané des bienséances comme une insulte préméditée faite à la religion. Tandis qu'il ourdissait secrettement cette trame, il arriva malheureusement que le 9 Août de la même année, on s'apperçut que le Crucifix de bois posé sur le pont neuf d'Abbeville était endommagé, & l'on soupçonna que des soldats ivres avaient commis cette insolence impie.

Je ne puis m'empêcher, Monsieur, de remarquer ici qu'il est peut-être indécent & dangereux d'exposer sur un pont

ce qui doit être révéré dans un Temple
Catholique ; les voitures publiques pu-
vent aifément le brifer ou le renverfer
par terre. Des ivrognes peuvent l'infulter au fortir d'un Cabaret, fans favoir
même quel excès ils commettent. Il faut
remarquer encore que ces ouvrages
groffiers, ces Crucifix de grand chemin,
ces Enfans JESUS qu'on voit dans des
niches de plâtre au coin des rues de plufieurs Villes, ne font pas un objet d'adoration tels qu'ils le font dans nos Egli-
fes : cela eft fi vrai, qu'il eft permis de
paffer devant ces images fans les faluer.
Ce font des monumens d'une piété mal
éclairée ; & au jugement de tous les
hommes fenfés, ce qui eft faint ne doit
être que dans le lieu faint.

Malheureufement l'Evêque d'Amiens
étant auffi Evêque d'Abbeville, donna
à cette aventure une célébrité, & une
importance qu'elle ne méritait pas. Il fit
lancer des monitoires ; il vint faire une
Proceffion folemnelle auprès de ce Crucifix, & on ne parla dans Abbeville que
de facrilèges pendant une année entiere.
On difait qu'il fe formait une nouvelle
fecte qui brifait tous les Crucifix, qui

jettait par terre toutes les hosties, & les perçait à coups de couteaux. On assurait qu'elles avaient répandu beaucoup de sang. Il y eut des femmes qui crurent en avoir été témoins. On renouvella tous les contes calomnieux répandus contre les Juifs dans tant de Villes de l'Europe. Vous connaissez, Monsieur, à quel excès la populace porte la crédulité & le fanatisme, trop souvent encouragés par quelques Moines.

Soicourt voyant les esprits échauffés, confondit malicieusement ensemble l'aventure du Crucifix & celle de la Procession, qui n'avoient aucune connexité. Il rechercha toute la vie du Chevalier de la Barre : il fit venir chez lui valets, servantes, manœuvres ; * il leur dit d'un ton d'inspiré qu'ils étoient obligés en vertu des monitoires, de révéler tout ce qu'ils avoient pu apprendre à la charge de ce jeune-homme ; ils répondirent tous qu'ils n'avoient jamais entendu dire que le Chevalier de

---

* On a vu par la liste des témoins qu'il y en avoit d'une condition très - supérieure , & même d'un rang distingué.

la Barre eût la moindre part à l'endom-
magement du Crucifix.

On ne découvrit aucun indice touchant cette mutilation, & même alors
il parut fort douteux que le Crucifix eût
été mutilé exprès. On commença à
croire (ce qui eft affez vraifemblable)
que quelque charrette chargée de bois
avait caufé cet accident *.

Mais, dit *Soicourt* à ceux qu'il vou-
lait faire parler, fi vous n'êtes pas fûrs
que le Chevalier de la Barre ait mutilé
un Crucifix en paffant fur le pont, vous
favez au moins que cette année au mois
de Juillet, il a paffé dans une rue avec
deux de fes amis à trente pas d'une proceffion fans ôter fon chapeau. Vous
avez oui dire qu'il a chanté une fois des
chanfons libertines ; vous êtes obligés
de l'accufer fous peine de péché mortel.

Après avoir aiguifé ainfi le poignard
qu'on appelle le glaive de la juftice, il
tint la place de Lieutenant-Criminel,
pour frapper des enfans innocens avec
ce poignard.

---

* On n'a jamais cru cela à Abbeville, & l'on voit
bien par les détails de la plainte, qu'il n'en pouvoit
être ainfi. (*Note de l'Editeur.*)

F

La procédure une fois commencée, il y eut une foule de délations ; chacun difait ce qu'il avait vu ou cru voir, ce qu'il avait entendu ou cru entendre. Le trouble, la défolation étoient dans toute la Ville. Elle tremblait fous trois Juges qui jugerent cet affreux procès. Et qui étoient ces trois Juges ? ce *Soicourt*, un nommé *Broutelles*, autrefois Procureur, depuis marchand de bois, de vin, de cochons, qui ne fut jamais reconnu pour Avocat ; j'ignore quel était le troifième. C'eft de ce petit aréopage que dépendait l'honneur & la vie de plufieurs Gentilshommes, dont le plus vieux avait dix-neuf ans, & les autres fortaient de l'enfance.

Voici, Monfieur, quelles font les charges.

Le 13 Août 1765, fix témoins dépofent qu'ils ont vu paffer trois jeunes gens à trente pas d'une proceffion, que les fieurs de la Barre & d'Etalonde avaient leur chapeau fur la tête, & le fieur Moifnel le chapeau fous le bras.

Dans une addition d'information, une Elizabeth Lacrivel dépofe avoir entendu dire à un de fes coufins, que ce coufin avait entendu dire au Chevalier de la Barre, qu'il n'avait pas ôté fon chapeau.

Le 26 Septembre, une femme du peuple nommée Urfule Gondalier, dépofe qu'elle a entendu dire que le Chevalier de la Barre voyant une image de S. Nicolas en plâtre chez la fœur Marie, Tourrière du Couvent, il demanda à cette Tourrière fi elle avait acheté cette image pour avoir celle d'un homme chez elle.

La nommée Beauvarlet dépofe que le Chevalier de la Barre a proféré un mot impie en parlant de la Vierge Marie.

Claude, dit Sélincourt, témoin unique, dépofe que l'accufé lui a dit que les Commandemens de Dieu ont été faits par des Prêtres ; mais à la confrontation, l'accufé foutient que Sélincourt eft un calomniateur, & qu'il n'a été queftion que des Commandemens de l'Eglife.

Le nommé Hecquet, témoin unique, dépofe que l'accufé lui a dit ne pouvoir comprendre comment on avait adoré un Dieu de pâte. L'accufé, dans la confrontation, foutient qu'il a parlé des Egyptiens,

Nicolas la Vallée dépofe qu'il a entendu chanter au Chevalier de la Barre
deux chanfons libertines de corps-de-
garde. L'accufé avoue qu'un jour étant
yvre il les a chantées avec le fieur d'Etalonde, fans favoir ce qu'il difait ; que
dans cette chanfon on appelle à la vérité la fainte Marie-Madelaine *putain* ;
mais qu'avant fa converfion elle avoit
mené une vie débordée. Il eft convenu
d'avoir récité l'Ode à Priape du fieur
Pirron.

Le nommé Hecquet dépofe encore
dans une addition, qu'il a vu le Chevalier de la Barre faire une petite gé-
nuflexion devant les Livres intitulés,
Thérèfe philofophe , la *Tourrière des
Carmélites* , & *le Portier des Chartreux*.
Il ne défigne aucun autre Livre ; mais
au récollement & à la confrontation, il
dit qu'il n'eft pas fûr que ce fut le Chevalier de la Barre qui fit ces génufle-
xions.

Le nommé la Cour dépofe qu'il a entendu dire à l'Accufé au nom du C . . . ,
au lieu de dire au nom du Pere , &c. Le
Chevalier , dans fon interrogatoire fur
la fellette , a nié ce fait.

Le nommé Petignat dépose qu'il a entendu l'Accusé réciter les Litanies du C..., telles à-peu-près qu'on les trouve dans Rabelais, & que je n'ose rapporter ici. L'Accusé le nie dans son interrogatoire sur la sellette : il avoue qu'il a en effet prononcé C...; mais il nie tout le reste.

Ce font-là, Monsieur, toutes les accusations que j'ai vues portées contre le Chevalier de la Barre, le sieur Moisnel, le sieur d'Etalonde, Jean – François Douville de Maillefeu, & le sieur de Saveuse.

Il est constaté qu'il n'y avait eu aucun scandale public, puisque de la Barre & Moisnel ne furent arrêtés que sur des monitoires lancés à l'occasion de la mutilation du Crucifix, dont ils ne furent chargés par aucun témoin. On rechercha toutes les actions de leur vie, leurs conversations secrettes, des paroles échappées un an auparavant ; on accumula des choses qui n'avaient aucun rapport ensemble, & en cela même la procédure fut très-vicieuse.

Sans ces monitoires & sans les mouvemens violens que se donna le fanatif

F 3

me, il n'y aurait jamais eu, de la part de ces enfans infortunés, ni fcandale, ni procès criminel. Le fcandale public a été, fur-tout dans le procès même.

Le monitoire d'Abbeville fit précifément le même effet que celui de Touloufe contre les Calas; il troubla les cervelles & les confciences. Les témoins excités par un Juge même, comme ceux de Touloufe l'avaient été par le Capitoul David, rappellerent dans leur mémoire des faits, des difcours vagues, dont il n'était guère poffible qu'on pût fe rappeller exactement les circonftances ou favorables ou aggravantes.

Il faut avouer, Monfieur, que s'il y a quelques cas où un monitoire eft néceffaire, il y en a beaucoup d'autres où il eft très-dangereux. Il invite les gens de la lie du peuple à porter des accufations contre les perfonnes élevées audeffus d'eux, dont ils font toujours jaloux. C'eft alors un ordre intimé par l'Eglife de faire le métier infâme de délateur. Vous êtes menacés de l'enfer, fi vous ne mettez pas votre prochain en péril de fa vie.

Il n'y a peut-être rien de plus illégal

dans les Tribunaux de l'Inquifition ; & une grande preuve de l'illégalité de ces monitoires, c'eft qu'ils n'émanent point directement des Magiftrats, c'eft le pouvoir Eccléfiaftique qui les décerne. Chofe étrange qu'un Eccléfiaftique qui ne peut juger à mort, mette ainfi dans la main des Juges le glaive qu'il lui eft défendu de porter !

Il n'y eut d'interrogés que le Chevalier & le fieur Moifnel, enfant d'environ quinze ans. Moifnel, tout intimidé, & entendant prononcer au Juge le mot d'attentat contre la réligion, fut fi hors de lui, qu'il fe jetta à genoux, & fit une confeffion générale, comme s'il eût été devant un Prêtre. Le Chevalier de la Barre, plus inftruit & d'un efprit plus ferme, répondit toujours avec beaucoup de raifon, & difculpa Moifnel, dont il avait pitié. Cette conduite, qu'il eut jufqu'au dernier moment, prouve qu'il avait une belle ame. Cette preuve aurait dû être comptée pour beaucoup aux yeux des Juges intelligens, & ne lui fervit de rien.

Dans ce procès, Monfieur, qui a eu

des suites si affreuses, vous ne voyez que des indécences réprimables, & pas une action noire ; vous n'y trouvez pas un seul de ces délits qui sont des crimes chez toutes les nations, point de brigandage, point de violence, point de lâcheté ; rien de ce qu'on reproche à ces enfans, ne serait même un délit dans les autres communions chrétiennes. Je suppose que le Chevalier de la Barre & M. d'Etalonde aient dit que *l'on ne doit pas adorer un Dieu de pâte*, ils ont commis une très-grande faute parmi nous ; mais c'est précisément, & mot-à-mot, ce que disent tous ceux de la religion réformée.

Le Chancelier d'Angleterre prononcerait ces mots en plein Parlement, sans qu'ils fussent relevés par personne. Lorsque Mylord Lockart était Ambassadeur à Paris, un Habitué de Paroisse porta furtivement l'Eucharistie dans son hôtel à un domestique malade, qui était Catholique. Mylord Lockart qui le sut, chassa l'Habitué de sa maison. Il dit au Cardinal Mazarin, qu'il ne souffrirait pas cette insulte. Il traita en propres termes l'Euchariſtie de Dieu de pâte & d'idolâtrie. Le Cardinal Mazarin lui fit des excuſes.

Le grand Archevêque Tillotſon, le meilleur Prédicateur de l'Europe, & preſque le ſeul qui n'ait point déshonoré l'éloquence par de fades lieux communs, ou par de vaines phraſes fleuries comme Cheminais, ou par de faux raiſonnemens comme Bourdaloue; l'Archevêque Tillotſon, dis-je, parle préciſément de notre Euchariſtie comme le Chevalier de la Barre. Les mêmes paroles reſpectées dans Mylord Lockart à Paris, & dans la bouche de Mylord Tillotſon à Londres, ne peuvent donc être en France qu'un délit local, un délit de lieu & de tems, un mépris de l'opinion vulgaire, un diſcours échappé au hazard devant une ou deux perſonnes ? N'eſt-ce pas le comble de la cruauté de punir ces diſcours ſecrets, du même ſupplice dont on puniroit celui qui aurait empoiſonné ſon pere & ſa mere, & qui aurait mis le feu aux quatre coins de la Ville ?

Remarquez, Monſieur, je vous en ſupplie, combien on a deux poids &

F 5

deux mesures. Vous trouverez dans la 24me. Lettre Persanne de M. de Montesquieu, Président à Mortier du Parlement de Bordeaux, de l'Académie Françoise, ces propres paroles : *Ce Magicien s'appelle le Pape ; tantôt il fait croire que trois ne font qu'un ; tantôt que le pain qu'on mange, n'est pas du pain, & que le vin qu'on boit, n'est pas du vin ;* & mille autres traits de cette espèce.

M. de Fontenelle s'était exprimé de la même manière dans sa Relation de Rome & de Genève, sous le nom de *Mero* & d'*Enegu*. Il y avait dix mille fois plus de scandale dans ces paroles de Mrs. de Fontenelle & de Montesquieu, exposées par la lecture aux yeux du Public, qu'il n'y en avoit dans deux ou trois mots échappés au Chevalier de la Barre devant un seul témoin : paroles perdues dont il ne restait aucune trace. Les discours secrets devraient être regardés comme des pensées : c'est un axiôme dont la plus détestable barbarie doit convenir.

Je vous dirai plus, Monsieur : il n'y a point en France de loi expresse, qui condamne à mort pour des blasphêmes.

L'Ordonnance de 1666, prescrit une amende pour la premiere fois, le double pour la seconde, &c. & le pilori pour la sixième récidive.

Cependant les Juges d'Abbeville, par une ignorance & une cruauté inconcevable, condamnerent le jeune d'Etalonde, âgé de dix-huit ans, 1°. à souffrir le supplice de l'amputation de la langue jusqu'à la racine ; ce qui s'exécute de manière que si le patient ne présente pas la langue lui-même, on la lui tire avec des tenailles de fer, & on la lui arrache.

2°. On devoit lui couper la main droite à la porte de la principale Eglise.

3°. Ensuite il devoit être conduit dans un tombereau à la place du marché ; être attaché à un poteau avec une chaîne de fer, & être brûlé à petit feu. Le sieur d'Etalonde avoit heureusement épargné à ses Juges l'horreur de cette exécution, par la fuite.

Le Chevalier de la Barre étant entre leurs mains, ils eurent l'humanité d'adoucir la sentence, en ordonnant qu'il seroit décapité avant d'être jetté dans les flammes ; mais s'ils diminuerent le supplice d'un côté, ils l'augmenterent de l'autre, en le condamnant à subir la question ordinaire & extraordinaire, pour lui faire déclarer ses complices; comme si des extravagances de jeune-homme, des paroles emportées dont il ne reste pas le moindre vestige, étaient un crime d'Etat, une conspiration. Cette étonnante sentence fut rendue le 28 Février de l'année 1766.

La Jurisprudence de France est dans un si grand chaos, & conséquemment l'ignorance des Juges de Provinces est si grande, que ceux qui porterent cette sentence, se fonderent sur une Déclaration de Louis XIV. émanée en 1682, à l'occasion des prétendus sortilèges & empoisonnemens réels commis par la Voisin, la Vigoureux, & les deux Prêtres nommés le Vigoureux & le Sage. Cette Ordonnance de 1682, prescrit, à la vérité, la peine de mort pour le sacrilège joint à la superstition; mais il n'est question dans cette loi que de magie & de sortilège, c'est-à-dire, de ceux qui, en abusant de la crédulité du peuple, & en se disant magiciens, sont à-la-fois profanateurs & empoisonneurs,

Voilà la lettre & l'eſprit de la loi ; il
s'agit dans cette loi de faits criminels,
pernicieux à la ſociété, & non pas de
vaines paroles, d'imprudences, de le-
geretés, de ſottiſes commiſes ſans aucun deſſein prémédité, ſans aucun complot, ſans même aucun ſcandale public.

Que diroit-on d'un Juge qui con-
damnerait aux galères perpétuelles une
famille honnête, pour avoir entrepris
un pélérinage à Notre-Dame de Lorette, ſous prétexte qu'en effet il y a
une loi de Louis XIV. enrégiſtrée,
laquelle condamne à cette peine les
vagabonds, les artiſans qui abandon-
nent leur profeſſion, qui menent une
vie licencieuſe, & qui vont en pélérinage
à Notre-Dame de Lorette, ſans une
permiſſion ſignée du Miniſtre d'Etat ?

Les Juges de la Ville d'Abbeville
ſemblaient donc pécher viſiblement
contre la loi autant que contre l'humanité, en condamnant à des ſupplices
auſſi épouventables que recherchés,
deux Gentilshommes qui n'avoient fait
de mal à perſonne, tous deux dans un
âge où l'on ne pouvait regarder leur
imprudence que comme un égarement

qu'un mois de prison aurait corrigé. Il
y avoit même fi peu de corps de délit,
que les Juges, dans leur fentence, fe
fervent de ces termes vagues & ridicules, employés par le petit peuple, *pour
avoir chanté des chanfons abominables
& exécrables contre la Vierge Marie,
les Saints & Saintes*; remarquez, Monfieur, qu'ils n'avaient chanté *ces chanfons abominables & exécrables contre les
Saints & Saintes*, que devant un feul
témoin qu'ils pouvoient récufer légale-
ment. Ces épithètes font-elles de la
dignité de la Magiftrature? Une ancienne chanfon de table n'eft, après
tout, qu'une chanfon. C'eft le fang humain legérement répandu; c'eft la torture, c'eft le fupplice de la langue arra-
chée, de la main coupée, du corps jetté
dans les flammes, qui *eft abominable &
exécrable*.

La Sénéchauffée d'Abbeville reffortit
au Parlement de Paris. Le Chevalier
de la Barre y fut transféré; fon procès
y fut *inftruit*. Huit des plus célèbres
Avocats de Paris fignerent une Con-
fultation, par laquelle ils démontrerent
l'illégalité des procédures, & l'indul-

gence qu'on doit à des enfans mineurs, qui ne font accufés ni d'un complot, ni d'un crime réfléchi : le Procureur-Général verfé dans la Jurifprudence, conclut à réformer la fentence d'Abbeville. Il y avait ving-cinq Juges, dix acquiefcerent aux conclufions du Procureur-Général ; les quinze autres, animés par des principes refpectables, dont ils tiraient des conclufions affreufes, fe crurent obligés de confirmer cette abominable fentence le 5 Juin de cette année 1766 *. Ils voulaient fignaler leur zèle pour la Religion catholique ; mais ils pouvaient être religieux fans être meurtriers.

Il eft trifte, Monfieur, que cinq voix fur vingt-cinq fuffifent pour arracher la vie à un accufé, & quelquefois à un innocent. Ne faudroit-il pas peutêtre dans un tel cas de l'unanimité ? Ne faudroit-il pas au moins que les trois quarts des voix concluffent à la mort ?

---

* Les Députés du Clergé étoient alors à Verfailles, après la diffolution de l'Affemblée générale. (*Note de l'Editeur.*)

Encore en ce dernier cas le quart des Juges qui mitigerait l'Arrêt, ne pourrait-il pas, dans l'opinion des cœurs bien faits, l'emporter sur les trois quarts ? Je ne vous propose cette idée que comme un doute, en respectant le sanctuaire de la Justice, & en le plaignant.

Le Chevalier de la Barre fut renvoyé à Abbeville pour y subir son horrible supplice ; & c'est dans la patrie des plaisirs & des arts qui adoucissent les mœurs, dans ce même Royaume si fameux par les grâces & par la mollesse, qu'on voit de ces horribles aventures. Mais savez-vous que ce pays n'est pas moins fameux par la St. Barthélémi, & par les plus énormes cruautés ?

Enfin, le premier Juillet de cette année se fit, dans Abbeville, cette exécution trop mémorable. Cet enfant fut d'abord appliqué à la torture. Voici quel est ce genre de tourment:

Les jambes du patient sont serrées entre des ais ; on enfonce des coins de fer ou de bois entre les ais & les genoux, les os en sont brisés. Le Chevalier s'évanouit ; mais il revint bientôt à lui à l'aide de quelques liqueurs spiritueuses,

& déclara, fans fe plaindre, qu'il n'avait point de complices *.

On lui donna pour Confeffeur & pour affiftant un Dominicain, ami de fa tante l'Abbeffe, avec lequel il avait fouvent foupé dans le Couvent. Ce bon homme pleurait, & le Chevalier le confolait. On leur fervit à dîner. Le Dominicain ne pouvait manger. *Prenons un peu de nourriture,* lui dit le Chevalier, *vous aurez befoin de force autant que moi pour foutenir le fpectacle que je vais donner.*

Le fpectacle en effet était terrible. On avait envoyée de Paris cinq bourreaux pour cette exécution. Je ne puis dire en effet fi on lui coupa la langue & la main. Tout ce que je fais par les lettres d'Abbeville, c'eft qu'il monta fur l'échaffaut avec un courage tranquille, fans plainte, fans colère & fans oftentation. Tout ce qu'il dit au Religieux qui l'affiftoit, fe réduit à ces paroles : *Je ne croyais pas qu'on pût faire*

---

* Peut-être devoit-on dire ici que le Procès-verbal de torture fait mention que de la Barre s'avoua coupable d'avoir couvert d'ordures le Crucifix placé dans le cimetière de Ste. Catherine. (*Note de l'Éditeur.*)

mourir un jeune-homme pour ſi peu de choſe *.

Il ſerait devenu certainement un excellent Officier ; il étudiait la guerre
par principes ; il avait fait des remar-
ques ſur quelques ouvrages du Roi de
Pruſſe & du Maréchal de Saxe, les deux
plus grands Généraux de l'Europe §.

Lorſque la nouvelle de ſa mort fut
reçue à Paris, le Nonce dit publiquement qu'il n'aurait point été traité ainſi
à Rome ; & que s'il avait avoué ſes fautes à l'Inquiſition d'Eſpagne ou de
Portugal, il n'eût été condamné qu'à
une pénitence de quelques années.

Je vous prie, Monſieur, de vouloir
bien me communiquer vos penſées ſur
cet événement.

Chaque ſiècle voit de ces cataſtro-

----

* L'Auteur ne fut pas inſtruit de tout ce qu'il dit :
on l'a vu au chapitre des Particularités ſur ſa mort.
Il mangea ſon poulet & but ſa bouteille de vin au di-
ner dont on parle ci-deſſus. (*Note de l'Editeur.*)

§ Cette manière de le peindre eſt propre ſans doute
à le rendre intéreſſant ; mais ce qu'il y a de vrai, c'eſt
que de la Barre étoit regardé comme un jeune-homme
doux, ſimple, modeſte, dont l'éducation avoit été
très-négligée, & qui, par ſes études, étoit en chemin
de réparer ce que la ruine de ſes parens avoit été
forcée de refuſer à ſa jeuneſſe. (*Note de l'Editeur.*)

phes qui effraient la nature. Les circonftances ne font jamais les mêmes.
Ce qui eût été regardé avec indulgence
il y a quarante ans, peut attirer une
mort affreufe quarante ans après. Le
Cardinal de Retz prend féance au Parlement de Paris avec un poignard qui
déborde quatre doigts hors de fa fou-
tane; & cela ne produit qu'un bon mot.
Des Frondeurs jettent par terre le Saint
Sacrement qu'on portoit à un malade,
domeftique du Cardinal Mazarin, &
chaffent les Prêtres à coups de plat
d'épée, & on n'y prend pas garde. Ce
même Mazarin, ce premier Miniftre
revêtu du Sacerdoce, honoré du Car-
dinalat, eft profcrit fans être entendu,
fon fang eft proclamé à cinquante mille
écus. On vend fes livres pour payer fa
tête, dans le tems même qu'il conclut
la paix de Munfter, & qu'il rend le repos à l'Europe; mais on n'en fait que
rire, & cette profcription ne produit
que des chanfons.

Altri tempi, altre cure; ajoûtons d'autres tems, d'autres malheurs, & ces
malheurs s'oublieront pour faire place
à d'autres. Soûmettons-nous à la Pro-

vidence qui nous éprouve tantôt par des calamités publiques, tantôt par des désastres particuliers. Souhaitons des loix plus senſées, des Miniſtres des loix plus ſages, plus éclairés, plus humains.

***

Dès que la nouvelle de la mort de la Barre s'étoit répandue, le bruit courut que le plus célebre Ecrivain de la nation vouloit quitter la France. On ſait du moins que dans une lettre il s'exprimoit ainſi.

,, Il eſt vrai que j'ai été ſaiſi de l'in-
,, dignation la plus vive & en même-
,, tems la plus durable; mais je n'ai pas
,, pris le parti qu'on ſuppoſe. J'en ſerois
,, très-capable, ſi j'étois plus jeune &
,, plus vigoureux; mais il eſt très-diffi-
,, cile de ſe tranſporter à mon âge, &
,, dans l'état de langueur où je ſuis.
,, J'attendrai ſous les arbres que j'ai
,, plantés, le moment que je n'entendrai
,, plus parler des horreurs qui font pré-
,, férer les ours de nos montagnes à des
,, ſinges, à des tigres déguiſés en hom-
,, mes ".

Tandis que cet Ecrivain immortel

faifoit d'abord entendre les 'gémiffe-
mens de fon indignation dans la Suiffe
& dans l'Italie, paroiffoit à Londres un
Ouvrage remarquable par la nouveauté
des idées, par la chaleur du ftyle, par
la richeffe des métaphores (*la Théo-
rie des Loix civiles*), où on parloit
auffi de l'affaire de cette mutilation. M.
Linguet adreffoit fon Livre à M. Douville, Confeiller au Préfidial d'Abbeville, fon ami. Il étoit queftion de faire
voir combien nos Loix font confufes
& embarraffées, dans quel chaos nous
vivons. L'occafion de parler de l'affaire
d'Abbeville, venoit affez naturelle-
ment. L'Auteur écrivoit ainfi.

„ L'hiftoire de l'affaire où j'ai eu le
bonheur de vous fervir, feroit peut-être
le meilleur fupplément que je puffe
donner à mon Livre. Si les détails en
étoient bien connus, il ne faudroit pas
d'autres preuves de la néceffité de réformer notre Jurifprudence dans prefque
toutes fes parties. On y verroit un terrible exemple de l'abus que l'on peut
faire contre l'innocence des reffources
imaginées pour la punition du crime.
On y remarquéroit avec effroi jufqu'où

l'efprit de vengeance peut porter l'au-
dace dans une Province, quand il eft
armé des formes judiciaires. On gémi-
roit d'apprendre que, fans un effort
peut-être un peu tardif, le glaive de la
juftice, deftiné au maintien de l'ordre
public, auroit été employé à fervir
des reffentimens particuliers, ou des
intérêts obfcurs. "

„ Mais les gouvernemens, ainfi que les
corps humains, font fujets à des mala-
dies honteufes que l'on n'ofe pas même
découvrir bien loin d'en accepter les
remèdes. Combien n'a-t-on pas brûlé
de Sorciers avant que d'éteindre les
bûchers allumés pour eux par la fuperftition ou par la vengeance! Combien s'eft-il écoulé d'années, avant
que la Juftice ait rougi de prêter fon
miniftère à des exécutions follicitées
par une démence fi cruelle, ou par une
inhumanité fi hypocrite! Chaque fiècle
a, pour ainfi dire, fes abcès qu'il faut
fe garder de percer avant qu'ils foient
mûrs. Refpectons donc ceux du nôtre,
& laiffons à la poftérité le foin de les
cicatrifer, quand ils fe feront ouverts
d'eux-mêmes.

„ Le point le plus important pour
nous, c'eſt que le Fils pour qui vous
avez tremblé ſi long-tems, avec tant
de raiſon & ſi peu de ſujet, eſt à couvert de tout danger : ce qui nous intéreſſe le plus, c'eſt que ſon honneur eſt
auſſi intact que ſa perſonne. Son innocence eſt conſtatée par un jugement authentique. La calomnie qui a oſé l'outrager, eſt confondue. Vous jouiſſez,
mon cher ami, de ſon triomphe, &
votre joie eſt toute ma récompenſe. ‟

„ Livrez-vous-y ſans réſerve & ſans inquiétude. Honoré dans la Province de
toutes les diſtinctions qui peuvent flatter un citoyen obſcur, mais irréprocha-
ble; vengé par le cri public des procédés odieux par leſquels on avoit eſſayé
de flétrir votre nom ; protégé par l'autorité de la Juſtice, contre les manœuvres qui ont ſi long-tems troublé votre
repos ; aimé, chéri de tous ceux de vos
compatriotes que votre exemple, ou
même votre aſpect ne font pas rougir,
qu'avez-vous de plus à deſirer pour être
heureux ? ‟

Dans une note on liſoit : „ Il y a eu,
comme on voit, treize mois d'intervalle

entre l'oppreſſion de l'innocence & la réhabilitation. Ce n'étoit pas la difficulté de la reconnoître, qui en a fait ſi long-tems retarder l'aveu. Il y auroit à ce ſujet de terribles choſes à dire. Je me contenterai d'obſerver que les Juges qui ont décrété ce jeune-homme, n'étoient point du nombre de ceux qui l'ont abſous ".

Le Juge 'd'Abbeville qui n'avoit pu parvenir à faire ſupprimer le Mémoire à conſulter, ſigné de huit Avocats, fut plus heureux contre le diſcours que nous venons de lire, dont l'Auteur ne ſe montroit pas, & lequel n'étoit point d'ailleurs une pièce juridique. Le Parlement rendit un Arrêt ſur ſa requéte, le 14 Juillet 1767, dont voici le diſpoſitif:

„ Notredite Cour ordonne que la partie de la note A de la quatrième page du Diſcours Préliminaire étant en tête du Livre intitulé, THEORIE DES LOIX CIVILES , ou PRINCIPES FONDAMENTAUX DE LA SOCIETE', imprimé à *Londres* en M,DCC. LXVII, ſans

fans nom d'Auteur ni d'Imprimeur, à
commencer par ces mots, *il y a comme
on voit*, & finiſſant par ceux-ci, *qui
l'ont abſous*, ainſi que l'alinéa de ladite
quatrième page dudit Diſcours Préliminaire, commençant par ces mots,
*l'hiſtoire de l'affaire où j'ai eu le bonheur
de vous ſervir*, & finiſſant à la page 6
par ceux-ci, *des reſſentimens particuliers ou des intérêts obſcurs* ; enſemble la
partie dudit Diſcours, commençant à
la derniere ligne de la page 7 dudit
Diſcours, par ces mots, *vengé par le
cri public des procédés odieux*, & finiſſant
par ceux-ci, *que votre exemple, ou
même votre aſpeEt ne font pas rougir*, &
généralement tout ce qui, dans ledit
Diſcours préliminaire, tendroit à diffa-
mer ledit Duval de Soicourt, feront &
demeureront fupprimés comme étant
un Libelle diffamatoire contre l'honneur, la réputation & la conduite in-
taEte dudit Duval de Soicourt, qui a
inſtruit, à la requête du Subſtitut de
notre Procureur-Général en la Sénéchauſſée de Ponthieu à Abbeville, le
procès criminel mentionné audit Diſcours préliminaire, jugé par Sentence

G

du 28 Février 1766, confirmé par Arrêt
de notredite Cour du 4 Juin suivant :
ordonne que les Arrêts & Réglemens
de notredite Cour seront exécutés selon leur forme & teneur ; en conséquence , fait défenses à toutes personnes d'imprimer , distribuer &c. permet
audit Duval de Soicourt de faire imprimer & afficher le présent Arrêt en la
Ville d'Abbeville , & par-tout où il appartiendra ; & faisant droit sur les conclusions de notre Procureur-Général ,
ordonne que ledit Livre sera & demeurera déposé au Greffe de notredite Cour
pour en être pris par notre Procureur-
Général communication , & par lui requis sur le surplus du contenu audit Livre , s'il y écheoit , & par notredite
Cour ordonner ce qu'il appartiendra.
SI MANDONS mettre le présent Arrêt à
exécution. DONNE' en notredite Cour
de Parlement , le 14 Juillet l'an de
grace mil sept cent soixante-sept , & de
notre Règne le cinquante-deuxième.
Collationné , REGNAULT. *Signé,*
DUFRANC.

Il femble que cet Arrêt d'une premiere Cour fouveraine du Royaume
de France, auroit dû impofer filence à
jamais à tous les ennemis du fieur de
Soicourt; cependant, il s'eft répandu
depuis fa mort une autre pièce fous le
titre de *Cri du fang innocent*, que voici,
& à laquelle fes amis ont encore été
forcés de répondre, tant il eft dangereux de laiffer marcher à grands pas l'o-
pinion publique, que dirige un Ecrivain dont la plus éclatante réputation
& les grands talens ont fubjugué toute
l'Europe; & tant auffi il eft important
de la combattre & de tâcher de l'arréter
dans fa marche rapide.

LE CRI DU SANG INNOCENT.

AU
ROI TRES-CHRETIEN
EN SON CONSEIL.

SIRE,

L'augufte cérémonie de votre Sacre n'a rien ajoûté aux droits de Votre Majefté ; les fermens qu'Elle a fait d'être bon & humain, n'ont pu augmenter la magnanimité de votre cœur, & votre amour de la juftice. Mais c'eft en ces folemnités que les infortunés font autorifés à fe jetter à vos pieds. Ils y courent en foule, c'eft le tems de la clémence ; elle eft affife fur le Trône à vos côtés, elle vous préfente ceux que la perfécution opprime. Je lui tends de loin les bras du fond d'un pays étranger. Opprimé depuis quinze ans, (& l'Europe fait avec quelle horreur) je fuis fans appui, fans Avocat, fans Patron ; mais vous êtes jufte.

Né Gentilhomme dans votre brave & fidelle Province de Picardie *, mon nom eſt d'Etalonde de Morival ; pluſieurs de mes parens ſont morts au ſervice de l'Etat. J'ai un frere Capitaine au Régiment de Champagne : je me ſuis deſtiné au ſervice dès mon enfance.

J'étois dans la Gueldre en 1765, § où j'apprenois la Langue Allemande, & un peu de Mathématique - Pratique, deux choſes néceſſaires à un Officier, lorſque le bruit que j'étois impliqué dans un procès criminel au Préſidial d'Abbeville, parvint juſqu'à moi.

On me manda des particularités ſi atroces & ſi inouies ſur cette affaire, à laquelle je n'aurois jamais dû m'attendre, que je conçus, tout jeune que j'étois, le deſſein de ne jamais rentrer dans une Ville livrée à des cabales & à des manœuvres qui effarouchoient mon caractère. Je me ſentois né avec aſſez de

---

* Fideliſſima Picardorum natus.

§ M. d'Etalonde n'eût pas écrit cela. Il ne paſſa au contraire dans la Gueldre, qu'après avoir été décrété. Il ſéjourna ſix ſemaines dans l'Abbaye de Lieu-Dieu, près du Tréport & de la mer, avant que de s'y rendre.

courage & de défintéreffement pour porter les armes en quelque qualité que ce pût être : je favois déjà très-bien l'Allemand. Frappé du mérite militaire des Troupes Pruffiennes, & de la gloire étonnante du Souverain qui les a formées, j'entrai Cadet dans un de fes Régimens.

Ma franchife ne me permit pas de diffimuler que j'étois Catholique, & que jamais je ne changerai de religion. Cette déclaration ne me nuifit point ; & je produis encore des atteftations de mes Commandans , qui atteftent que j'ai toujours rempli les fonctions de Catholique & les devoirs de Soldat. Je trouvai chez les Pruffiens des vainqueurs , & point d'intolérans.

Je crus inutile de faire connoître ma naiffance & ma famille ; je fervis avec la régularité la plus ponctuelle.

Le Roi de Pruffe, qui entre dans tous les détails de fes Régimens, fut qu'il y avoit un jeune Français qui paffoit pour fage ; qui ne connoiffoit les débauches d'aucunes efpèces ; qui n'avoit jamais été repris d'aucun de fes Supérieurs, & dont l'unique occupation , après fes ex-

périences, étoit d'étudier l'Art du Génie. Il daigna me faire Officier, fans
même s'informer qui j'étois ; & enfin,
ayant vû par hazard quelqu'un de mes
Plans de Fortifications, de Marches,
de Campemens & de Batailles, il m'a
honoré du titre de fon Aide-de-Camp
& de fon Ingénieur. Je lui en dois une
une éternelle reconnoiffance. Mon devoir eft de vivre & mourir à fon fervice.
Votre Majefté a trop de grandeur d'ame
pour ne pas approuver de tels fentimens.

Que votre juftice & celle de votre
Confeil daignent maintenant jetter un
coup d'œil fur l'attentat contre les loix,
& fur la barbarie dont je porte ma
plainte.

Madame l'Abbeffe de Willancourt,
Monaftère d'Abbeville, fille refpectable
d'un Garde des Sceaux eftimé de toute
la France, prefque autant que celui qui
vous fert aujourd'hui fi bien dans cette
place, avoit pour implacable ennemi un
Confeiller du Préfidial, nommé Duval
Soicourt. Cette inimitié publique, encore plus commune dans les petites Villes que dans les grandes, n'étoit que
trop connue dans Abbeville. Madame

l'Abbeſſe avoit été forcée de priver Soicourt, par avis des parens, de la cura-
telle d'une jeune perſonne aſſez riche,
élevée dans ſon Couvent. Soicourt venoit encore de perdre deux procès contre des familles d'Abbeville : on ſavoit
qu'il avoit juré de s'en venger.

On connoît juſqu'à quel excès affreux
il a porté cette vengeance : l'Europe
entiere en a eu horreur ; & cette horreur
augmente encore tous les jours, loin
d'affoiblir par le tems.

Il eſt public * que Duval Soicourt ſe
conduiſit préciſément dans Abbeville
comme le Capitoul David avoit agi
contre les innocens Calas dans Toulouſe. Votre Majeſté a ſans doute entendu parler de cet aſſaſſinat juridique

* Je dois remarquer ici (& c'eſt un devoir indiſ-
penſable) que dans l'affreux procès ſuſcité uniquement par Duval Soicourt contre de la Barre, M. Caſen,
Avocat au Conſeil de Sa Majeſté Très-Chrétienne, fut
conſulté, qu'il en écrivit au Marquis de Beccaria, le
premier Juriſconſulte de l'Empire. J'ai vû ſa Lettre
imprimée : on s'eſt trompé dans les noms, on a mis
Belleval pour Duval ; on s'eſt trompé encore ſur quelques circonſtances indifférentes au fond du procès. Il
eſt néceſſaire de relever cette erreur, & de rendre à
M. de Belleval, l'un des plus dignes Magiſtrats d'Abbeville, la juſtice que tout le pays lui rend.

de Calas, que votre Conseil a condamné avec tant de justice & de force ; c'est contre une pareille barbarie que j'attends votre équité.

La généreuse Madame Feydeau de Brou, Abbesse de Willancourt, élévoit auprès d'elle un jeune-homme, son cousin-germain, petit-fils d'un Lieutenant-Général de vos Armées, & qui étudioit comme moi la Tactique. Ses talens étoient supérieurs aux miens ; j'ai encore de sa main des notes sur les Campagnes du Roi de Prusse & du Maréchal de Saxe, qui font voir qu'il auroit été digne de servir sous ces grands hommes.

La conformité de nos études nous ayant liés ensemble, j'eus l'honneur d'être invité à dîner chez Madame l'Abbesse dans l'extérieur du Couvent, au mois de Juin 1765. Nous y allions assez tard, & nous étions fort pressés : il tomboit une petite pluie, nous mîmes nos chapeaux, & continuâmes notre route ; nous étions, je m'en souviens, à plus de cinquante pas d'une Procession de Capucins.

Soicourt ayant su que nous ne nous étions point détournés de notre chemin

G v

pour aller nous mettre à genoux devant cette procession, projetta d'abord d'en faire un procès au Cousin-germain de Madame l'Abbesse : c'étoit seulement, disoit-il, pour l'inquiéter & pour lui faire voir qu'il étoit un homme à craindre.

Mais ayant su qu'un Crucifix de bois élevé sur le pont-neuf de la Ville, avoit été mutilé depuis quelque tems, soit par vétusté, soit par quelque charrette, il résolut de nous en accuser & de joindre ces deux griefs ensemble: cette entreprise étoit difficile.

Je n'ai rien exagéré sans doute, quand j'ai dit qu'il imita la conduite du Capitoul David ; car il écrivit lettre sur lettre à l'Evêque d'Amiens ; & ces lettres doivent se trouver dans les papiers de ce Prélat. Il dit qu'il y avoit une conspiration contre la Religion Catholique Romaine, que l'on donnoit tous les jours des coups de bâton aux Crucifix ; qu'on se munissoit d'hosties consacrées, qu'on les perçoit à coups de couteaux, & que selon le bruit public, elles avoient répandu du sang. On ne croira pas cet excès d'absurde calomnie : je ne la crois pas moi-même ; cependant je la lis dans les copies des pièces qu'on m'a enfin remifes entre les mains.

Sur cet expofé non moins extravagant qu'odieux, on obtint des monitoires, c'eft-à-dire, des ordres à toutes les fervantes, à toute la populace d'aller révéler aux Juges tous les contes qu'elles auroient entendu faire & de calomnier en juftice, fous peine d'être damnés.

On ignore dans Paris, comme je l'avois toujours ignoré moi-même, que Duval Soicourt, ayant intimidé tout Abbeville, porté l'allarme dans toutes les familles, ayant forcé Madame l'Abbeffe à quitter fon Abbaye, pour aller folliciter à la Cour, fe trouvant libre pour faire le mal, & ne trouvant pas deux Affeffeurs pour faire ce mal avec lui, ofa affocier ce Juge ; qui ? on ne le croira pas encore ; cela eft eft auffi abfurde que les hofties percées à coups de couteaux & verfant du fang ; qui, dis-je, fût le troifième Juge avec Duval ? Un Marchand de vin, de bœufs & de cochons, un nommé *Broutelles*, qui

avoit acheté dans la Jurifdiction un office de Procureur, qui avoit même
exercé très-rarement cette charge dont
il étoit incapable; oui, encore une fois,
un Marchand de cochons, chargé alors
de deux Sentences des Confuls d'Abbeville contre lui, qui lui enjoignent *de
produire fes livres.* Dans ce tems - là
même, il avoit un procès à la Cour des
Aides de Paris, procès qu'il perdit
bientôt après. L'Arrêt le déclara incapable de poffeder aucune charge mu-
nicipale dans votre Royaume.

Tels furent mes Juges pendant que je
fervois un grand Roi, & que je me dif-
pofois à fervir Votre Majefté.

Soicourt & Broutelles avoient dé-
terré une Sentence rendue il y a cent
trente ans, dans des tems de troubles
en Picardie fur quelques profanations
fort différentes. Ils la copierent; ils condamnerent deux enfans : je fuis l'un des
deux : l'autre eft ce petit-fils d'un Général de vos armées; c'eft le Chevalier
de la Barre, dont je ne puis prononcer
le nom qu'en répandant des larmes; c'eft
ce jeune-homme, qui en a coûté à toutes les ames fenfibles, depuis le trône

de Peterſbourg, juſqu'au trône Pontifical de Rome ; c'eſt cet enfant plein de vertus & de talens au-deſſus de ſon âge, qui mourut dans Abbeville au milieu de cinq bourreaux, avec la même réſignation & le même courage modeſte qu'étoient morts le fils du grand de Thou, le Tite-live de la France, le Conſeiller Dubourg, le Maréchal de Marillac & tant d'autres.

Si votre Majeſté fait la guerre, elle verra mille Gentilshommes mourir à ſes pieds ; la gloire de leur mort pourra vous conſoler de leur perte, Vous, Sire, & leur famille ; mais être traîné à un ſupplice affreux & infame, périr par l'ordre d'un Broutelles ; quel état ! & qui peut s'en conſoler ?

On demandera peut-être comment la Sentence d'Abbeville qui étoit nulle, & de toute nullité, a pu cependant être confirmée par le Parlement, a pu être exécutée en entier ? en voici la raiſon : c'eſt que le Parlement ne pouvoit ſavoir quels étoient ceux qui l'avoient prononcée.

Des enfans plongés dans des cachots, & ne connoiſſant point ce Broutelles, leur premier bourreau, ne pouvoient dire au Parlement : *Nous sommes con-damnés par un Marchand de bœufs & de porcs, chargé de décrets des Consuls contre lui.* Ils ne le savoient pas. Brou-telles s'étoit dit Avocat *. Il avoit pris en effet pour cinquante francs de lettres de Gradué à Reims. Il s'étoit fait met-tre à Paris sur le tableau des Licentiés ès Loix. Ainsi il y avoit un fantôme de Gradué pour condamner ces pauvres innocens ; & ils n'avoient pas un seul Avocat pour les défendre. L'état hor-rible où ils furent pendant toute la procédure, avoit tellement altéré leurs organes, qu'ils étoient incapables de penser & de parler, & qu'ils ressem-bloient parfaitement aux agneaux que Broutelles vendit si souvent aux Bou-chers d'Abbeville.

Votre Conseil, Sire, peut remar-quer qu'on permet en France aux Ban-

---

* On nous a communiqué une délibération des Avocats d'Abbeville, en date du 3 Juin 1758, por-tant refus d'admettre ledit Broutelles dans la compa-gnie : & une opposition de cette compagnie, signifiée aux Gens du Roi du même Siège où Broutelles a jugé de la Barre à mort contre leurs conclusions.

queroutiers frauduleux, d'être affiftés
par un Avocat, & qu'on ne le permet
pas à des mineurs dans un procès où il
s'agiffoit de leur vie.

Grace aux Monitoires (refte odieux
des anciennes procédures de l'Inquifition) Soicourt & Broutelles avoient
fait entendre cent vingt témoins, la
plûpart gens de la lie du peuple ; & de
ces cent vingt témoins, il n'y en avoit
pas trois d'oculaires : cependant il fallut
tout lire, tout rapporter. Cette énorme
compilation qui contenoit fix mille
pages, ne pouvoit que fatiguer le Parlement, occupé alors des befoins de
l'Etat, dans une crife affez grande ; les
opinions fe partagerent, & la confirma-
tion de l'affreufe fentence ne paffa enfin que de deux voix.

Je ne demande point fi au Tribunal
de l'humanité & de la raifon deux voix
devroient fuffire pour condamner des
innocens au fupplice que l'on inflige
aux parricides. Putgatfchew, fouillé de
mille affaffinats barbares & du crime
le plus avéré de lèze-Majefté & de lèze-
fociété, au premier chef, n'a fubi d'autre fupplice que celui d'avoir la tête

tranchée. La fentence de Duval Soicourt & du Marchand de bœufs portoit
qu'on nous couperoit le poing, qu'on
nous arracheroit la langue, qu'on nous
jetteroit dans les flammes. Cette fentence fut confirmée par la prépondé-
rance de deux voix. Le Parlement a
gémi que les anciennes loix le forcent
à ne confulter que cette pluralité pour
arracher la vie à un citoyen. Hélas!
m'eft-il permis d'obferver que chez les
Algonquins, les Hurons & les Chica-
chas, il faut que toutes les voix foient
unanimes pour dépécer un prifonnier
& le manger? Quand elles ne le font
pas, le captif eft adopté dans une famille, & regardé comme l'enfant de la
maifon.

Sire, mon application à mes devoirs
ne m'a pas permis d'être inftruit plutôt
des détails de cette Saint-Barthélemi
d'Abbeville; je ne fais que d'aujour-
d'hui que l'on deftinoit trois autres enfans à cette boucherie. J'apprends que
les parens de ces enfans pourfuivis,
comme moi, par Duval Soicourt &
Broutelles, trouverent huit Avocats
pour les défendre, quoiqu'en matière

criminelle les accusés n'aient jamais le
secours d'un Avocat quand on les in-
terroge , & quand on les confronte ;
mais un Avocat est en droit de parler
pour eux sur tout ce qui ne concerne
pas la procédure secrette. (Et qu'il me
soit permis, Sire , de remarquer ici ,
que chez les Romains, nos législateurs
& nos maîtres , & chez les Nations qui
se piquent d'imiter les Romains , il n'y
eut jamais de pièces secrettes.) Enfin ,
Sire, sur la seule connoissance de ce qui
étoit public , ces huit Avocats intrépi-
des déclarerent le 27 Juin 1766 , 1°.
que le Juge Soicourt ne pouvoit être
Juge, puisqu'il étoit Partie [pages 15
& 16 de la Consultation] ; 2°. que
Broutelles ne pouvoit être Juge, puisqu'il avoit agi en plusieurs affaires en
qualité de Procureur, & que son unique occupation alors étoit de vendre
des bestiaux [page 17] ; 3°. que cette
manœuvre de Soicourt & de Broutelles étoit une infraction punissable de
la loi [même page]. Cette décision
de huit Avocat célebres, est signée,
CELIER, D'OUTREMONT, MUYART
DE VOUGLANS, GERBIER, TIM-

BERGUE, BENOIST fils, TURPIN, LINGUET.

Il eſt vrai qu'elle vint trop tard ; l'eſtimable Chevalier de la Barre étoit déja ſacrifié. L'injuſtice & l'horreur de ſon ſupplice, jointe à la déciſion des huit Juriſconſultes, firent une telle impreſſion ſur tous les cœurs, que les Juges d'Abbeville n'oſerent pourſuivre cet abominable procès. Ils s'enfuirent à la campagne, de peur d'être lapidés par le peuple. Plus de procédures, plus d'interrogatoires & d'interrogations, tout fut abſorbé dans l'horreur qu'ils inſpiroient à la Nation, & qu'ils reſſentoient en eux-mêmes.

Je n'ai pu, Sire, faire entendre autour de votre Trône le cri du ſang innocent. Souffrez que j'appelle aujourd'hui à mon ſecours le Jugement des huit Interprètes des loix, qui demandent vengeance pour moi comme pour les trois autres enfans qu'ils ont ſauvés de la mort. La cauſe de ces enfans eſt la mienne. Je n'ai pas oſé même m'adreſſer ſeul à Votre Majeſté, ſans avoir conſulté le Roi mon maître, ſans avoir demandé l'opinion de ſon Chancelier

& des Chefs de ſa Juſtice. Ils ont confirmé l'avis des huit Juriſconſultes de
votre Parlement. On connoît depuis
long-tems l'avis du Marquis de Becaria,
qui eſt à la tête des loix de l'Empire. Il
n'y a qu'une voix en Angleterre & dans
le grand Tribunal de Ruſſie ſur cette
affreuſe & incroyable cataſtrophe.
Rome ne penſé pas autrement que Pé-
terſbourg, Aſtracan & Caſan. Je pour-
rois, Sire, demander juſtice à Votre
Majeſté, au nom de l'Europe & de
l'Aſie. Votre Conſeil qui a vengé le
ſang des Calas, auroit pour moi la même équité. Mais étranger pendant dix
années, lié à mes devoirs, loin de la
France, ignorant la route qu'il faut tenir pour parvenir à une réviſion de
procès, je ſuis forcé de me borner à
repréſenter à Votre Majeſté l'excès de
la cruauté commiſe dans un tems où
cette cruauté ne pouvoit parvenir à vos
oreilles : il me ſuffit que votre équité
ſoit inſtruite.

Je me joins à tous vos Sujets dans
l'amour reſpectueux qu'ils ont pour
votre Perſonne, & dans les vœux una-

nimes pour votre profpérité qui n'éga-
lera jamais vos vertus.

A Neufchâtel, ce 30 Juin 1705.

PRECIS

DE LA PROCEDURE D'ABBEVILLE,

Du 26 Septembre 1765.

PRemièrement, un Prévôt de falle,
nommé Etienne Naturé, ami de
Broutelles & buvant fouvent avec lui,
dit qu'il a entendu dans la Salle d'armes, le fieur d'Etalonde avouer qu'il
n'avoit pas ôté fon chapeau devant la
proceffion des Capucins, conjointe-
ment avec le Chevalier de la Barre &
le fieur Moinel.

Et le même Etienne Naturé fe dé-
dit entièrement à la confrontation avec
le fieur Chevalier de la Barre, & dé-
clare expreffément que le fieur d'Etalonde n'a jamais mis le pied dans la
falle d'armes.

Du 28 Septembre 1765.

Le fieur Aliamet dépofe avoir ouï

dire, qu'un nommé Beauvarlet, avoit
dit que le fieur d'Etalonde avoit dit
qu'il avoit trouvé chez ce nommé Beauvarlet, un médaillon en plâtre fort mal
fait, & qu'ayant propofé de l'acheter
de ce nommé Beauvarlet, il avoit dit
que c'étoit pour le brifer, parce qu'il
ne valoit pas le diable.

Il ne fpécifie point ce que ce médaillon repréfentoit, & on ne voit pas ce
qu'on peut inférer de cette dépofition.

On a prétendu que ce plâtre repre-
fentoit quelques figures de la paffion
fort mal faites.

Le même jour, Antoine Watier,
âgé de 16 à 17 ans, dépofe avoir entendu le fieur d'Etalonde chanter une
chanfon dans laquelle il eft queftion
d'un Saint qui avoit eu autrefois une
petite maladie vénérienne, & ajoûte
qu'il ne fe fouvient pas du nom de ce
Saint.

Le fieur d'Etalonde protefte qu'il
ne connoit ni ce Saint ni Watier.

Du 5 Décembre 1765.

Marie-Antoinette Leleu, femme d'un
maître de jeu de billard, dépofe que le

fieur d'Etalonde a chanté une chanfon fur laquelle Marie-Madelaine avoit fes mal-femaines.

Il eft bien indécent d'écouter férieufement de telles fottifes ; & rien ne demontre mieux l'acharnement groffier de Duval de Soicourt & de Broutelles. Si Madelaine étoit péchereffe, il eft clair qu'elle étoit fujette à fes *mal-femaines*, autrement des menftrues, des ordinaires ; mais fi quelque *Louftic d'un* Régiment, ou quelque Goujat a fait autrefois cette miférable chanfon grivoife, fi un enfant l'a chantée, il ne paroît pas que cet enfant mérite la mort la plus recherchée & la plus cruelle dans des fupplices que les Bufiris & les Néron n'ofoient pas inventer.

Le même jour, le fieur Lavieuville dépofe avoir oui dire au fieur de Saveufe, qu'il a entendu dire au Sr. Moifnel, que le fieur d'Etalonde avoit un jour efcrimé avec fa canne fur le pontneuf, contre un Crucifix de bois.

Je réponds que non-feulement cela eft très-faux ; mais que cela eft impoffible. Je ne portois jamais de canne; mais une petite baguette fort legère. Le

(149)

Le Crucifix qui étiot alors fur le pont neuf était élevé, comme tout Abbeville le fait, fur un gros piedeftale de huit pieds de haut, & par conféquent, il n'était pas poffible d'efcrimer contre cette figure. *

J'ajoête qu'il eût été à fouhaiter que les chofes faintes ne fuffent jamais placées que dans les lieux faints ; & je crois indécent qu'un Crucifix foit dans une rue expofé à être brifé par tous les accidents.

Du 3 Octobre 1765.

Le fieur Moifnel, enfant de quatorze à quinze ans eft retiré de fon cachot & interrogé fi, le jour de la proceffion des Capucins, il n'étoit pas avec les fieurs d'Etalonde & de la Barre à vingt-cinq pas feulement du Saint Sacrement, s'ils n'ont pas affectés par impiété, de ne point fe découvrir dans le deffein d'infulter à la Divinité, & s'ils ne fe font pas vantés de cette action impie ; s'il n'a pas vu le fieur d'Etalonde donner

---

* Cela eft faux, le Crucifix étoit fort peu élevé : on pouvoit aifément en toucher les pieds, les jambes avec la main. (*Note de l'Editeur.*)

des coups au Crucifix du pont-neuf;
si le jour de la foire de la Madelaine,
le sieur d'Etalonde ne lui avoit point
dit qu'il avoit égratigné une jambe du
Crucifix du pont-neuf? a répondu *non*,
à toutes ces demandes.

On peut voir par ce seul interrogatoire, avec quelle malignité Duval de
Soicourt vouloit faire tomber cet enfant dans le piège.

Pourquoi lui dire que la procession
des Capucins n'étoit qu'à vingt-cinq
pas, tandis qu'elle étoit à plus de cinquante? Je sais mieux mesurer les dis-
tances dans ma profession d'Ingénieur
que tous les praticiens & tous les Capucins d'Abbeville.

Pourquoi supposer que ces enfans
avoient passé vîte, par impiété, dans le
tems qu'il faisoit une petite pluie, &
qu'ils étoient pressés d'aller dîner?
Quelle impiété est-ce donc de mettre
son chapeau pendant la pluie?

Et remarquez qu'après cet interrogatoire, on le plongea dans un cachot
plus noir & plus infect, afin de le forcer
par ce traitement odieux à déposer tout
ce qu'on vouloit.

Du

Du 7 Octobre 1765.

On interrogea de furcroît le fieur Moifnel fur les mêmes articles ; & le fieur Moifnel répond que, non feulement le Chevalier de la Barre & le fieur d'Etalonde n ont point paffé devant la proceffion & ne fe font point couverts par impiété, mais qu'il a paffé plufieurs fois avec eux devant d'autres proceffions & qu'ils fe font mis à genoux.

A cette réponfe fi ingénue & fi vraie, le troifième Juge nommé Villers, fe récria : il ne faut pas tant tourmenter ces pauvres innocens.

Soicourt & Broutelles en fureur menaçoient cet enfant de le faire pendre, s'il perfiftoit à nier. Ils l'effrayerent ; ils lui firent verfer des larmes ; ils lui firent dire dans ce fecond interrogatoire une chofe qui n'a pas la moindre vraifemblance, que d'Etalonde avoit dit, qu'il n'y avoit point de Dieu, & qu'il avoit ajoûté un mot qu'on n'ofe prononcer.

Il faut favoir que dans Abbeville, il y avoit alors un ouvrier nommé *Bondieu* & que delà vint l'infame équivoque

H

qu'on employa pour nous perdre.

Enfin ils lui firent articuler même dans l'excès de leur égarement, que d'Etalonde connoiſſoit un prêtre, qui fourniroit des hoſties conſacrées pour ſervir à des opérations magiques, ainſi que Duval & Broutelles le donnoient à entendre. Quelle extravagance, & en même-tems quelle bétiſe ! ſi dans ma premiere jeuneſſe, j'avois été aſſez abandonné pour ne pas croire en Dieu, comment aurois-je cru à des hoſties conſacrées avec leſquelles on feroit des opérations magiques ?

D'où venoit cette accuſation ridicule d'opérations magiques avec des hoſties ? d'un bruit répandu dans la populace, qu'on ne pouvoit pourſuivre avec tant de cruauté de jeunes gens, fils de famille, que pour un crime de magie. Et pourquoi de la magie plutôt qu'un autre délit ? parce qu'il y avoit des monitoires qui ordonnoient à tout le monde de venir à révélation, & que ſelon les idées du Peuple, * ces monitoires n'étoient

* Il eſt encore d'uſage dans le Diocèſe d'Amiens, dont Abbeville fait partie, d'excommunier chaque

ordinairement lancés que contre les hérétiques.

Les Provinces de France font-elles encore plongées dans leur ancienne barbarie ? Sommes-nous revenus à ces tems d'opprobre où l'on accufoit le prédicateur Urbain Grandier d'avoir enforcelé dix-fept Religieufes de Loudun ; où l'on forçoit le Curé de Gaufredi d'avouer qu'il avoit foufflé le Diable dans le corps de Madelaine la Palud , & où l'on a vu enfin le Jéjuite Girard prêt d'être condanmné aux flammes pour avoir jetté un fort fur la Cadiere.

Ce fut dans cet interrogatoire , que cet enfant Moifnel , intimidé par les menaces du Marchand de bœufs & du Marchand de fang humain , fes Juges , leur demanda pardon de ne leur avoir pas dit tout ce qu'on lui ordonnoit de dire ; il croyoit avoir fait un péché

Dimanche aux Prônes des Paroiffes *les Sorciers , Sorcieres , Devins , Devinereffes , Magiciens , Magiciennes , Noueurs d'Aiguillettes , & autres qui , par leur maléfice , empêchent l'ufage & la confimmation du mariage.* Le Peuple peut donc être aifément abufé par ce que l'Eglife enfeigne tous les jours.

mortel, & il fit à genoux une confeffion générale, comme s'il eût été au
Sacrement de pénitence. Broutelles &
Duval rirent de fa fimplicité & en pro-
fitoient pour nous perdre tous.

Interrogé encore s'il n'avoit pas entendu de Jeunes gens traiter Dieu
de . . . . dans une converfation , & s'il
n'avoit pas lui-même appelé Dieu. . .
il répondit qu'il avoit tenu ces propos
avec d'Etalonde.

Mais peut-on avoir tenu de tels difcours tête-à-tête ? & fi on les a tenus ,
qui peut les dénoncer ? On voit affez
à quel point celui qui interrogeoit étoit
groffier & barbare , à quel point l'enfant étoit fimple & innocent.

On lui demanda s'il n'avoit point
chanté de chanfons horribles ; ce font
les propres mots : l'enfant l'avoua. Mais
queft-ce qu'une chanfon orduriere fur
les mal-femaines de la Madelaine, faite
par quelque Goujat il y plus de cent
ans, & qu'on fuppofe chantée en fecret par deux jeunes gens auffi dépour-
vûs alors de goût & de connoiffance,
que Broutel & Duval ? Avoient-ils
chanté cette chanfon dans la place

publique ? Avoient - ils fcandalifé la Ville ? Non ; & la preuve que cette puérilité étoit ignorée, c'eſt que Soicourt avoit obtenu deſ monitoires pour faire révéler contre les enfans de ſeſ ennemis, tout ce qu'une populace groſſiere pouvoit avoir entendu dire.

Pour moi, en méprifant de telles inepties ; je jure que je ne me fouviens pas d'un feul mot de cette chanſon, & j'affirme qu'il faut être le plus lâche des hommes, pour faire d'un couplet de corps-de-garde, le fujet d'un procès criminel.

Enfin, on m'a envoyé plufieurs billets de la main de Moifnel, écrits de ſon cachot, avec la connivence du Géolier, dans lefquels il dit : *Mon trouble eſt trop grand, j'ai l'efprit hors de ſon affiette, je ne ſuis pas dans mon ſens.*

J'ai entre les mains une autre lettre de lui de cette année, conçue en ces termes : " Je voudrois, Monfieur, „ avoir perdu entièrement la mémoire „ de l'horrible aventure qui enfanglanta „ Abbeville il y a plufieurs années, & „ qui révolta toute l'Europe. Pour ce

H 3

„ qui me regarde ; la feule chofe dont
„ je puis me fouvenir, c'eft que j'a-
„ vois environ quinze ans, qu'on me
„ mit aux fers ; que le fieur Soicourt
„ me fit les menaces les plus affreufes ;
„ que je fus hors de moi-même ; que je
„ me jettai à genoux ; & que je dis oui,
„ toutes les fois que Soicourt m'or-
„ donna de dire oui, fans favoir un
„ feul mot de ce qu'on me demandoit.
„ Ces horreurs m'ont mis dans un état
„ qui a altéré ma fanté pour le refte
„ de ma vie „.

Je fuis donc en droit de récufer de
vains témoignages qu'on lui arracha par
tant de menaces, & qu'il a défavoués,
ainfi que je me crois en droit de faire
déclarer nulle toute la procédure de
mes trois Juges, d'en prendre deux à
partie, & de les regarder, non pas
comme des Juges, mais comme des
affaffins. Ce n'eft que d'après M. le
Marquis de Beccaria, & d'après tous
les Jurifconfultes de l'Europe, que je
leur donne le nom qu'ils ont fi bien
mérité, & qui n'eft pas trop fort pour
leur inconcevable méchanceté.

On interrogea avec la même atrocité

le Chevalier de la Barre ; & quoiqu'il
fût très-au-deſſus de ſon âge , on réuſſit
enfin à l'intimider.

Comme j'étois très-loin de la France,
on perſuada , même à ce jeune-homme ,
qu'il pouvoit ſe ſauver en me chargeant ,
& qu'il n'y avoit nul mal à rejetter tout
ſur un ami qui dédaignoit de ſe défendre.

On renouvella avec lui l'impertinente
hiſtoire des hoſties ; on lui demanda ſi
un Prêtre ne lui en avoit pas envoyé,
& s'il n'étoit pas quelquefois ſorti du
ſang de quelques hoſties conſacrées. Il
répondit avec un juſte mépris ; mais il
ajoûta qu'il y avoit en effet un Curé à
Yvernot, qui auroit pu , à ce qu'on di-
ſoit, prêter des hoſties ; mais que ce
Curé étoit en priſon : l'on ne pouſſa
pas plus loin ces queſtions abſurdes.

Je ſens que la lecture d'un tel procès
criminel dégoûte & rebute un homme
ſenſé. C'eſt avec une peine extrême que
je pourſuis ce détail de la ſottiſe humaine.

Interrogé s'il n'a pas dit qu'il étoit
difficile d'adorer un Dieu de pâte , a
répondu qu'il peut avoir tenu de tels

H 4

difcours ; & que s'il les a tenus, c'eſt avec d'Etalonde ; que s'il a diſputé ſur la réligion, c'eſt avec d'Etalonde.

Hélas ! voilà un étrange aveu, une étrange accuſation ! Si j'ai agité des queſtions délicates , c'eſt avec vous. Ce *ſi* prouve - t - il quelque choſe ? ce *ſi* eſt-il poſitif ? Eſt-ce-là une preuve, barbares que vous êtes ? Je ne mets point de condition à mon aſſertion ; je dis ſans aucun *ſi*, que vous êtes des tigres dont il faudroit purger la terre.

Et dans quel pays de l'Europe n'a-t-on pas diſputé publiquement & en particulier ſur la religion ? Dans quel pays, ceux qui ont une autre religion que la Romaine, n'ont-ils pas dit & redit, imprimé & prêché ce que Duval & Broutelles imputoient au Chevalier de la Barre & à moi ? Une converſation entre deux jeunes amis, n'ayant eu aucun effet, aucunes ſuites, n'ayant été écoutée de perſonne , ne pouvoit devenir un corps de délit ; il falloit que les interrogateurs euſſent deviné cet entretien. Ces paroles, en effet ſont ſouvent dans la bouche des Proteſtans. Il y en a quelques-uns établis avec privilège du Roi dans Abbeville & dans les Villes voisines.

Les assassins du Chevalier de la Barre avoient donc deviné au hazard les propos qu'ils nous attribuoient, & par un hazard encore plus singulier, il se trouva peut-être qu'ils devinoient juste, du moins en partie.

Nous avions pu quelquefois examiner la religion Romaine le Chevalier de la Barre & moi, parce que nous étions nés l'un & l'autre avec un esprit avide d'instruction, parce que la religion exige absolument l'attention de tout honnête homme, parce qu'on est un sot indigne de vivre quand on passe tout son tems à l'Opéra-comique, ou dans de vains plaisirs, sans jamais s'informer de ce qui a pu précéder & de ce qui peut suivre la minute où nous rampons sur la terre ; mais vouloir nous juger sur ce que nous avons dit mon ami & moi tête-à-tête, c'étoit vouloir nous condamner sur nos pensées, sur nos rêves ; c'est ce que les plus cruels tyrans n'ont jamais osé faire.

On sent toute l'irrégularité, pour ne pas dire toute l'abomination de cette

H 5

procédure auffi illégale qu'infame. Car
de quoi s'agiffoit-il dans ce procès dont
le fond étoit fi frivole & fi ridicule ?
d'un Crucifix de grand chemin, qui
avoit une égratignure à la jambe. C'é-
toit-là d'abord le corps du délit auquel
nous n'avions nulle part, & on inter-
roge les acculés fur des chanfons de
corps-de-garde, fur l'Ode à Priape du
fieur Pirron *, fur des hofties qui ont
répandu du fang, fur un entretien particulier dont on ne pouvoit avoir aucunes connoiffances ! Enfin, le dirai-je ?
on demanda au Chevalier de la Barre
& au fieur Moifnel, fi je n'avois pas été
à la garde-robe, pendant la nuit, dans
le cimetière de Ste. Catherine, auprès
d'un Crucifix, & c'étoit pour avoir
révélation de ces belles chofes, qu'on
avoit jetté des monitoires. Si le Confeil
de Sa Majefté Très-Chrétienne, auquel on auroit enfin recours, pouvoit
furmonter fon mépris pour une telle

---

* *-N. B. Il eft porté dans le procès-verbal que ces
enfans font convaincus d'avoir récité l'Ode de Pirron.
Ils font condamnés au fupplice des parricides, &
Pirron avoit une penfion de douze cens livres fur la
caffette du Roi.

procédure, & fon horreur pour ceux
qui l'ont faite ; s'il contenoit affez fa
jufte indignation pour daigner jetter les
yeux fur ce procès ; fi les exemples affreux des Calas & des Sirven du Lan-
guedoc, de Monbailly à Saint-Omer *,
de Martin dans le Duché de Bar,
étoient préfens à fa mémoire, ce feroit
de lui que j'attendrois juftice ; je le
fupplierois de confidérer qu'au tems
même du meurtre affreux du Chevalier
de la Barre, huit fameux Avocats du
Parlement de Paris, éleverent leur voix
contre la fentence d'Abbeville en faveur des trois enfans pourfuivis comme
moi & menacés, comme moi, de la
mort la plus cruelle.

J'ai pris la liberté de mettre cette
décifion fous les yeux du Roi. J'ofe

---

* J'ai lu qu'il y a cinq ou fix ans, que des Juges de
Province condamneront le fieur Monbailly & fon
époufe à être roué & brûlés ; l'innocent Monbailly
fut roué, fa femme étant groffe, fut réfervée pour
être brûlée : le Confeil du Roi empêcha ce dernier
fupplice.

Un Juge auprès de Bar fit rouer un bonnête Culti-
vateur, nommé Martin, chargé de fept enfans. Celui
qui avoit fait le crime l'avoua huit jours après.

croire que s'il a daigné lire ma requête, il en a été touché. Sa bonté & son suffrage font tout ce que j'ambitionne & tout ce qui peut me confoler.

Signé, D'Etalonde de Morival.

LETTRE

Ecrite de Paris aux Rédacteurs de la Feuille du Courrier du Bas-Rhin, *en réponfe à la Requête au Roi, inférée dans cette même Feuille.*

MM.

A la lecture de votre feuille du neuf Septembre, (art. *Paris*) & autres feuilles fuivantes, j'ai été révolté des qualifications odieufes que vous donnez à la mémoire de feu M. Duval de Soicourt, ancien Affeffeur, Lieutenant-Criminel d'Abbeville. D'abord, vous me permettrez, Meffieurs, de douter que cet

écrit que l'on met mal-à-propos fous le
nom de M. d'Etalonde, & que l'on
attribue à M. de Voltaire, fans doute
pour exciter la curiofité, foit forti de
la plume de cet Ecrivain célébre *.
Mais quelqu'en foit l'Auteur, il n'en
paroîtroit pas moins étrange qu'un Particulier entreprenne de donner du haut
de fon tribunal fa décifion fur tout ce
qui fe paffe, fouvent fans réflexion &
fans la moindre connoiffance des faits §.
Ce Mémoire dont je n'ai eu connoiffance que par votre feuille, me paroît
abfolument deftitué de raifons, & je
n'y apperçois qu'une déclamation inju-
rieufe & outrée. Je n'y oppoferai que
le récit des faits, beaucoup plus d'é-
gards, & pas une injure, en prenant
le contrepoids des ennemis de feu M.
de Soicourt.

Les fonctions de fa charge forcerent

---

* L'Auteur de cet apologétique peut revoquer en
doute ce fait tant qu'il lui plaira; les connoiffeurs
fauront toujours qu'en penfer.

§ Eft-ce n'avoir aucune connoiffance des faits,
que de rapporter la procédure même ?

en 1765 ce Magiſtrat de condamner
à mort M. d'Eſtalonde. Un Mémoire
imprimé ſur cette affaire dans lequel on
s'eſt permis d'altérer ou de tronquer les
faits *, a indiſpoſé dans ces tems-là contre les Juges le Public trop facile à
prévenir. Les eſprits ont été frappés
ſur-tout d'une Conſultation, ſignée de
huit Avocats, laquelle eſt à la ſuite de
ce Mémoire. Mais ces Avocats n'ont
pu donner leur conſeil que d'après l'ex-
poſé du Mémoire, & comme ce Mémoire étoit faux, on n'a égard ni au
Mémoire ni à la Conſultation. Il paroît
que vous êtes du nombre de ceux qui
ſe ſont laiſſés abuſer par cet écrit, ſans
quoi vous ne vous ſeriez ſûrement pas
prêté aujourd'hui à rendre public un
nouveau tiſſu de menſonges ſur le
compte de M. de Soicourt. Quoique
j'aie été à portée de connoître à fond

---

* Nous avons déja obſervé que M. de Soicourt,
s'étant tranſporté a Paris ſitôt après la publicité de ce
Mémoire, ne put parvenir à le faire ſupprimer. MM.
Gerbier, Linguet & les autres Avocats, leur Bâton-
nier en tête, firent les démarches néceſſaires pour
défendre courageuſement leur ouvrage contre ces in-
culpations.

tous les détails de ce Procès criminel * ,
je m'étendrai peu avec vous cependant
fur cette affaire. Je me contenterai d'é-
claircir les faits que vous expofez contre M. de Soicourt. Je le dois à la mémoire de ce Magiftrat ; je le dois à la
vérité attaquée. Je commencerai par
quelques réflexions particulières. De
deux chofes , l'une : ou d'Etalonde
étoit coupable, ou il étoit innocent. Il a
pu, puifqu'il étoit contumace, fe repréfenter. Son procès lui auroit été fait de
nouveau : il auroit pu prouver fon innocence , & il auroit été abfous §. Je
dois encore vous faire faire une autre
obfervation , Monfieur , car vous êtes
peu au fait de la marche de la procédure criminelle en France. Lorfqu'un
crime vient à la connoiffance du Procureur-du-Roi , celui-ci rend plainte :

---

* Pourquoi connoître à fond ? Les détails de ce
procès-criminel devoient alors être auffi fecrets pour
le fils même du Juge , que pour tout le Public.

§ Y avoit-il quelque fûreté à fe repréfenter devant
les mêmes Juges ? Les loix de France font-elles affez
claires , affez fimples , affez fages fur les crimes de
lèze-Majefté divine pour n'avoir rien à craindre de
leur févérité ?

le Juge répond cette plainte. Le Procureur-du-Roi fait alors assigner les témoins. Le Juge reçoit les dépositions ; il ne peut faire autrement. Lorsque les Tribunaux inférieurs rendent une Sentence, ils doivent juger suivant la rigueur de l'Ordonnance. Il n'y a que les Parlemens qui puissent jusqu'à un certain point adoucir, modérer la peine, & il n'y a que le Roi qui puisse faire grace. Dans le procès criminel qui a donné lieu à la condamnation de M. d'Etalonde, le Parlement de Paris confirma la Sentence dans son entier *. Cet Arrêt seul suffira toujours pour justifier pleinement, aux yeux des gens réfléchis, la conduite du Juge dans l'instruction & le jugement de ce procès. D'ailleurs, est-on bien sûr qu'on n'avoit pas des ordres supérieurs pour agir

---

* Mais le Mémoire & la Consultation n'avoient point paru ; mais dans les Loix Françoises les criminels n'ont point d'Avocats pour les défendre ; mais l'Arrêt ne passa à la pluralité que de deux voix ; mais enfin le ministère public à Paris & à Abbeville n'avoit conclu à aucune peine capitale : & la Divinité, dans cette affaire, devoit-elle paroître plus offensée que l'ordre public ? On répond toujours à cela avec avantage, que la sentence étoit bien rendue, puisqu'elle a été confirmée.

dans cette affaire, fuivant toute la rigueur des Ordonnances ? On ne peut
pas dire que ce Juge fe foit empreffé
de rendre fa Sentence, pour ôter aux
accufés, par la précipitation, tous
moyens de fe pourvoir, de fe juftifier
& d'obtenir grace *. On fait le contraire. Le commencement de l'inftruction eft du mois d'Août ou de Septembre 1766, & l'Arrêt de Juin 1766.
Convenez, Monfieur, qu'il y a de l'im-
prudence & de la préfomption à blâmer
la conduite d'un Juge fur le feul expofé que fait une des parties intéreffées
dans l'affaire. Il y a même de la témé-
rité, lorfque fon jugement a été entièrement approuvé par un Arrêt.

Les Juges font des hommes comme
les autres, mais plus inftruits des affaires. Ils peuvent fe tromper, il eft vrai ;
mais pour les taxer d'avoir prévariqué,
ou d'avoir mis de la paffion dans leur
jugement, on doit en avoir préalable-

---

* S'il ne s'eft pas empreffé de condamner, les Avocats ont dit qu'il ne s'étoit pas empreffé non plus
d'abfoudre les trois autres jeunes gens qui ont été
renvoyés purement & fimplement après treize mois de
prifon ou d'exil.

ment les preuves les plus certaines.
Quelques perfonnes peu inftruites ont
voulu faire un crime à M de Soicourt,
de ne s'être pas déporté de l'inftruction
& du jugement de cette affaire. Avant
que de prononcer ainfi, ces perfonnes
auroient dû agiter la queftion, s'il le
devoit, & s'il le pouvoit. Alors, ils
auroient vu qu'effectivement il ne le
pouvoit ni le devoit *. Enfin, lorfqu'on
a une place, on doit en remplir les fonctions : auffi M. de Soicourt qui aimoit fes devoirs, étoit-il d'une exacti-
tude rare à les remplir. Tout Abbeville en a été le témoin pendant près de
trente ans qu'il a exercé fa charge.
Croyez, MM. que fans des motifs très-
forts, il n'auroit certainement pas manqué de fe difpenfer d'inftruire & de juger ce procès qui coûtoit tant à fon
cœur, puifque le fils & le neveu de fes

---

* C'eft à quoi le Mémoire répond qu'*il le devoit*,
puifque fon reffentiment, contre ces perfonnes, avoit
éclaté ; puifqu'il avoit écrit d'avance à l'Evêque
d'Amiens contr'eux : & qu'au moins ce qu'*il devoit*,
étoit de choifir des Juges avec lui fur le tableau, &
dans les formes prefcrites. **Nous n'ofons apprécier le
mérite de ces obfervations.**

deux meilleurs amis y étoient impliqués *. D'ailleurs, perſonne n'eſt curieux d'inſtruire un procès criminel où
l'on n'a aucune eſpèce de rétribution à
attendre & où la plus petite négligence
la plus petite faute d'inadvertance peut
faire caſſer une procédure, laquelle eſt
recommencée aux dépens du Juge §.
Après ces obſervations qui m'ont paru indiſpenſables, j'entre en matière.
Vous commencez par dire dans votre
feuille : *nous ne ſaurions faire un meil-*
leur uſage de nos feuilles que de les con-
ſacrer a venger l'innocence & à couvrir
les fanatiques & les ſcélérats de honte &
d'opprobre à la face de toute l'Europe.
Réponſe. Si vous avez eu l'intention de
faire tomber ces qualifications atroces
ſur M. de Soicourt, il faut MM. que
vous ayez été étrangement abuſés. Pour
vous prouver combien il étoit éloigné

---

* Ils ſe ſont évadés tous deux à-propos. De la Barre
a été pris.

§ S'il en eſt ainſi, perſonne ne doit être curieux
d'acheter une charge de Lieutenant-Criminel ou d'Aſ-
ſeſſeur. Mais puiſque M. de Soicourt *aimoit ſes devoirs*
dans la ſienne, après trente ans d'exercice, ces incon-
véniens ne devoient plus lui paroître fort à craindre.

de les mériter , il me suffira de vous ci-
ter ici un fait qui vous fera connoître
le fond de l'ame de ce Magistrat. Plusieurs années après la condamnation de
M. d'Etalonde , il eut une hydropisie
de poitrine dont il mourut au mois de
Mars 1771 *. Jusqu'au dernier moment , il conserva sa présence d'esprit ;
il avoit reçu tous les Sacremens & attendoit avec la tranquillité d'une bonne
conscience son heure derniere (tranquillité si grande qu'*elle étonnoit les
spectateurs*) , lorsqu'un ami vint le
trouver & lui dit que l'oncle de M.

---

* Nous sommes loin de vouloir inculper ici en
rien la mémoire de M. de Soicourt. Nous savons qu'il
avoit joui jusqu'à ce procès d'une réputation exacte.
Nous n'avons même pas assez d'idée de la perversité
humaine pour oser adopter tout ce qu'on s'est plû à en
faire penser, & nous nous en tenons à l'Arrêt du Parlement qui l'a justifié. Cependant, il est de fait que
ce Juge, livré presqu'entièrement jusqu'alors à la
société de Messieurs V ··· R ..... Protestans privi-
légiés, donna tout d'un coup, après la mort de la
Barre, dans une dévotion qui ne lui étoit pas ordinaire. On le voyoit fréquenter toutes les Eglises, assister
à tous les petits exercices de piété de chaque semaine
& de chaque Paroisse. Il parut même tomber dans
une melancolie profonde, dont le public, à Abbeville, indiquoit volontiers la cause, & qui, selon lui,
le mena par dégrès à la mort. Mais qu'est-ce que l'o-
pinion publique pour assigner la cause d'une maladie ?

d'Etalonde s'informoit souvent de sa
santé, & desiroit le voir, s'il le trouvoit
bon *. Eh ! Monsieur, lui répondit le
mourant, dites lui que je le verrai avec
plaisir, que j'ai toujours été son ami,
& le suis encore, qu'il est bien douloureux pour moi d'avoir été obligé de
condamner son neveu. Je vais mourir,
& paroître devant Dieu ; j'atteste que
s'il me falloit encore tout-à-l'heure,
prononcer sur cette affaire, je la juge-
rois de même. Peut-être, me trompe-
rois-je ; mais il ne faudroit s'en prendre qu'à mon défaut de lumières. L'oncle vint : les deux amis s'embrasserent.
Ils eurent l'un & l'autre la discrétion
de ne pas parler du neveu condamné.
L'oncle enfin se retira ; & M. de Soicourt mourut. Il y a des témoins irré-

* M. de B... Chevalier de S. Louis, justement esti-
mé dans Abbeville par son affabilité & ses vertus, a
déclaré à la lecture de ces faits, que loin de chercher
à pénétrer chez M. de Soicourt, il y fut au contraire
excité par M. Abraham V... R... leur ami com-
mun, qui lui dit que M. de Soicourt le desiroit vivement. Ne purent-ils pas être trompés l'un & l'autre
par un médiateur qui vouloit les rapprocher ?

prochables & du discours du Juge * ex-
pirant, & de la scène attendrissante
qu'on vient d'exposer, laquelle fait au
moins autant honneur à l'oncle de M
d'Etalonde, qu'à M. de Soicourt.

M. D. D. S. M. N.

Nous croyons bien interpréter : M.
Duval de Soicourt, Mousquetaire noir,
fils du Juge d'Abbeville.

---

* Ce discours tenu devant un ami Protestant, ne
dut-il pas le révolter ?

CONCLUSION.

NOus n'avons été juſqu'ici qu'hiſto-
rien. Nous avons rendu un compte
fidèle de ce qui a été écrit de part &
d'autre ſur un jugement qui a ſes apo-
logiſtes * & ſes adverſaires. Si nous
nous ſommes permis quelques remar-
ques, on a dû voir qu'elles n'étoient
dictées que par l'envie d'éclaircir les
faits pour ou contre, & de rendre par-
là témoignage à la vérité. C'eſt dans
ces mêmes vûes, que nous allons examiner ici, ſi la Juriſprudence dans cette
matière a été du moins conſtante & uniforme dans les Tribunaux Français; ſi
elle eſt la même dans les divers Etats de
l'Europe; ſi enfin elle eſt fondée, quelque part que ce ſoit, ſur un principe
de raiſon univerſelle.

---

* L'Auteur d'un *Dictionnaire anti-Philoſophique* n'a
cru pouvoir mieux terminer ſes preuves en faveur de
la Religion Catholique, qu'en les couronnant d'un
Arrêt qui condamne de la Barre au feu. Cet argument
eſt ſans contredit très-puiſſant & très-anti-Philoſo-
phique.

D'abord, l'histoire nous apprend qu'en 1627, le 23 Juillet, un Allemand de la Religion réformée, nommé *Thomas Eildendorf*, mutila à Lyon un Crucifix de bois sur le pont de Saone, que la Commune le mit en prison, qu'il fut déclaré coupable de *léze-Majesté Divine*; & condamné a être pendu & étranglé & son corps brûlé sur le pont de Saone, ce qui fut exécuté dès le lendemain 24 Juillet.

Remarquons que le sieur d'Etalonde devoit être brûlé vif, que le Chevalier de la Barre a péri du même supplice que l'Allemand Eildendorf, sans être convaincu du même délit ; car des discours, des chansons, ne sont pas, après tout, aussi punissables que des actes.

Observons encore, que le Conseil provincial & supérieur d'Artois rendit le 19 Février 1767, un Jugement bien plus doux que celui de Lyon & d'Abbeville, contre un malheureux superstitieux nommé Savary : *pour avoir excroqué des sommes considérables à un grand nombre de personnes, sous prétexte de leur faire découvrir des trésors, s'être donné pour sorcier, avoir fait plusieurs appels*

appels du diable en se servant de gri-
moire, en abusant des prières de l'Eglise ;
ce Conseil, dis-je, l'a condamné à faire
amende-honorable, être attaché au carcan pendant deux heures, ensuite être
battu de verges, à baiser une potence,
marqué de trois lettres G. A. L. & servir aux galères à perpétuité ; ses biens
confisqués au profit du Roi. Plusieurs de
ses adhérans sont, par le même Jugement, condamnés à des peines propor-
tionnées à leurs crimes.

On sait qu'il n'étoit pas de profanations, d'abus des rites de l'Eglise & des
choses saintes, que ces prétendus forciers ne se fussent permis dans leurs appels au diable ; & si le Juge d'Abbeville, comme on l'a dit, s'étoit fondé,
contre la Barre, sur le Jugement rendu
dans l'affaire des Vigoureux & de le
Voisin, contre les forciers, profanateurs, sacrilèges & empoisonneurs, on
voit bien que les Juges d'Arras ne s'y
fonderent pas. Cet Arrêt du Conseil
supérieur fit un étrange contraste avec
la sentence d'Abbeville ; mais il fut ap-
plaudi de tous les honnêtes gens, &
avec d'autant plus de raison que l'Artois

I

sembloit être la Province où on devoit
le moins l'attendre, puisqu'il n'en étoit
pas où la sorcellerie, la magie eussent
été plus en vogue.

Nous avons enfin une lettre de Fer-
rare en Italie, écrite le 2 3 Avril 1770,
où on mande ce qui suit :

„ J'ai connu à Rome des personnes
instruites, &, ce qui est encore plus
rare, j'ai rencontré des dévots, doux
& humains, révoltés des scènes barbares & sanglantes que nous avons, en
dernier lieu, données à l'Europe à l'occasion du meurtre juridique de l'innocent & infortuné Calas, & du Jugement non moins inique, rendu contre
les Sirven. Je les ai vus reprendre,
avec aigreur, la conduite de l'Evêque
d'Amiens (la Motte) dont le fanatisme a porté sur l'échaffaut un malheureux jeune-homme dont la faute n'étoit
qu'une étourderie qui méritoit à la
vérité un châtiment civil. On m'a assuré
que le Nonce du Pape, qui étoit alors
à Paris, avoit été indigné de la sentence
de mort prononcée en cette occasion
par un Parlement,..... & qu'il dit
hautement, que l'Inquisition de son

pays ne fe feroit pas conduite, à beaucoup près, avec tant de rigueur. J'ai
eu lieu, cet hiver, de m'appercevoir
combien on commençoit à s'humanifer
en Italie. Deux gens de la lie du peuple avoient mis à la loterie. Après avoir
invoqué le diable, & épuifé les reffources que la fuperftition & la crédulité
peuvent faire imaginer, ils s'aviferent
enfin de dérober une hoftie, & de l'en-
fermer dans une boëtte, comme un
moyen infaillible de réuffir dans le
gain qu'ils avoient envie de faire. Un
d'eux, agité de troubles & de remords,
tomba malade, & dans le délire avoua
la faute qu'il avoit commife. Le fait
fut vérifié. Ils furent conduits dans les
prifons de l'Inquifition, & condamnés
à *un banniffement de quinze ans*, après
avoir été expofés à la vûe du peuple
fur le portail des Dominicains de la
Minerve, avec un baillon dans la bouche & un écriteau pardevant & parder-
rière. Je ne fais la manière dont ils furent
traités dans les cachots du Saint-Office,
c'eft un fecret que tout le monde ignore;
mais il me parut à leur mine qu'ils n'a-
voient pas fouffert. Nous les aurions,

dans notre pays, tenaillés, roués & brûlés vifs, parce que nous vantons d'être beaucoup moins superstitieux, plus polis & beaucoup plus éclairés. Il est cependant évident que l'on ne peut commettre une pareille action, que par barbarie & par ignorance, & que la méchanceté ne peut y avoir part. C'est ce que paroît avoir senti le Tribunal des Inquisiteurs, tout odieux, tout absurde qu'il est ''.

Il est donc vrai que la Jurisprudence n'est ni fixe ni uniforme dans ces sortes de procès. ,, Les peines sont toujours arbitraires, dit M. de Voltaire [Questions sur l'Encyclopédie] ; c'est un grand défaut dans la Jurisprudence. Mais aussi ce défaut ouvre une porte à la clémence, à la compassion ; & cette compassion est d'une justice étroite : car il serait horrible de punir un emportement de jeunesse, comme on punit des empoisonneurs & des parricides. Une sentence de mort pour un délit qui ne mérite qu'une correction, n'est qu'un assassinat commis avec le glaive de justice.

,, N'est-il pas à-propos de remar-

quer ici que ce qui fut blafphême dans un
pays, fut souvent piété dans un autre ?

„ Un Marchand de Tyr , abordé au
Port de Canope , aura pu être fcandalifé de voir porter en cérémonie un
oignon , un chat , un bouc ; il aura pu
parler indécemment d'*Isbeth* , d'*Osbi-
reth* & d'*Horeth* ; il aura peut-être dé-
tourné la tête , & ne fe fera point mis
à genoux en voyant paffer en proceffion
les parties génitales du genre-humain,
plus grandes que nature. Il en aura dit
fon fentiment à fouper , il aura même
chanté une chanfon dans laquelle les
Matelots Tyriens fe moquaient des
abfurdités Egyptiaques. Une fervante
de cabaret l'aura entendu ; fa confcience
ne lui permet pas de cacher ce crime
énorme. Elle court dénoncer le coupable au premier Shoen qui porte
l'image de la vérité fur la poitrine ; &
on fait comment l'image de la vérité
eft faite. Le Tribunal des Shoen ou
Shotim , condamne le blafphémateur
Tyrien à une mort affreufe , & confif-
que fon vaiffeau. Ce Marchand était
regardé à Tyr comme un des plus pieux
perfonnages de la Phénicie.,,

„ *Numa* voit que fa petite Horde de Romains eſt un ramas de Phlibuſtriers Latins qui volent à droite & à gauche tout ce qu'ils trouvent, bœufs, moutons, volailles, filles. Il leur dit qu'il a parlé à la Nymphe *Egerie* dans une verne , & que la Nymphe lui a donné des loix de la part de *Jupiter.* Les Sénateurs le traitent d'abord de blaſphémateur , & le menacent de le jetter de la roche Tarpeienne la tête en bas. *Numa* ſe fait un parti puiſſant. Il gagne des Sénateurs, qui vont avec lui dans la grotte d'*Egerie.* Elle leur parle : elle les convertit. Ils convertiſſent le Sénat & le Peuple. Bientôt ce n'eſt plus *Numa* qui eſt un blaſphémateur. Ce nom n'eſt plus donné qu'à ceux qui doutent de l'exiſtence de la Nymphe. „

„ Il eſt triſte parmi nous que ce qui eſt blaſphême à Rome, à Notre-Dame de Lorette, dans l'enceinte des Chanoines de San Gennaro, ſoit piété dans Londres, dans Amſterdam, dans Stockolm, dans Berlin, dans Copenhague, dans Berne, dans Baſle, dans Hambourg. Il eſt encore plus triſte que dans le même pays, dans la même Ville, dans la même rue,

on fe traite réciproquement de blafphémateur ,,.

Cela eft trifte fans doute. On eft auffi
fâché de voir qu'un procès qui com-
mence par une plainte fur un délit
public, fur une mutilation faite à un
Crucifix, par le coup d'une arme tran-
chante, finiffe par un Arrêt févère où
il n'eft pas queftion de cette mutilation;
mais de toutes autres impiétés tenues
fécrettes jufque-là, & qui n'ont été
revélées que par l'effet d'un monitoire
qui avertiffoit d'aller dépofer, fur d'*autres actions & difcours impies*, en général, à peine de damnation. On a peut-
être trop négligé d'obferver dans le
Mémoire des huit Avocats, que fi ce
monitoire étoit vicieux, il s'enfuivroit
que toute la procédure faite fur ce fondement, & d'après lui, le devenoit auffi.
Qu'il n'y avoit point d'inquifition plus
atroce que celle d'un monitoire qui
excitoit aux délations fur des délits qui
n'étoient pas articulés pofitivement, &
qu'on pouvoit interpréter, expliquer
contre fes ennemis de toutes les ma-
nières, *fur des difcours & actions impies*.
Une des maximes qui découlent de l'a-

I 4

nalyſe que j'ai faite de la Religion, dit
J. J. Rouſſeau de Genève , & de ce
qui lui eſt eſſentiel , eſt que les hommes
ne peuvent ſe mêler de celle d'autrui
qu'en ce qui les intéreſſe ; d'où il ſuit
qu'ils ne doivent jamais punir des offenſes * faites uniquement à Dieu , qui
ſaura bien les punir lui-même. *Il faut
honorer la Divinité & ne la venger jamais*, diſent, d'après Monteſquieu, les
Repréſentans ; ils ont raiſon. Cependant les ridicules outrageans, les impiétés groſſieres , les blaſphêmes contre
la Religion ſont puniſſables, jamais les
raiſonnemens. Pourquoi cela ? Parce
que dans ce premier cas on n'attaque
pas ſeulement la Religion, mais ceux

---

* Notez que je me ſers de ce mot *offenſer Dieu*,
ſelon l'uſage , quoique je ſois très-éloigné de l'admettre dans ſon ſens propre , & que je le trouve mal
appliqué ; comme ſi quelque Etre que ce ſoit , un
Homme , un Ange , le Diable même pouvoit jamais
offenſer Dieu. Le mot que nous rendons par *offenſes* ,
eſt traduit comme preſque tout le reſte du Texte ſa-
cré, c'eſt tout dire. Des hommes enfarinés de leur
Théologie , ont rendu & défiguré ce Livre admirable
ſelon leurs petites idées ; & voilà de quoi l'on entre-
tient la folie & le fanatiſme du peuple.

Voyez *les Lettres de la Montagne*, premiere Partie.

qui la profeffent ; on les infulte, on les
outrage dans leur culte, on marque un
mépris revoltant pour ce qu'ils refpec-
tent, & par conféquent pour eux. De
tels outrages doivent être punis par les
Loix , parce qu'ils retombent fur les
hommes , & que les hommes ont droit
de s'en reffentir. ,,

C'eft donc uniquement par ce mal ,
que font aux hommes ces outrages, ces
impiétés , qu'il paroît qu'il les faudroit
juger ; & en cela tous les Philofophes
paroiffent être d'accord. Nous avons
été curieux de confulter fur ce fujet
l'inftruction donnée par l'Impératrice
de Ruffie aux Magiftrats chargés de la
rédaction du nouveau Code des Loix.
Nous y avons en vain cherché quelque
obfervation générale fur les crimes de
lèze-Majefté divine : nous n'y avons
pas même trouvé ce mot. Cette inftruction refpire la tolérance , l'humanité
d'un bout à l'autre, elle s'élève avec
force contre tous les fupplices recherchés, contre la peine de mort elle-même.
Comment une Souveraine auffi fage,
auffi philofophe , auroit-elle pu ordonner les plus cruels fupplices contre

deux jeunes gens, elle qui dit d'abord,
,, que les Loix doivent défendre uni-
,, quement ce qui peut nuire aux indivi-
,, dus & particuliers, ou au bien de la
,, fociété en général ; que ce qui ne con-
,, fifte qu'en de fimples paroles, ne doit
,, jamais être envifagé ici comme un
,, crime ; que c'eft renverfer & confon-
,, dre tout, que de faire des difcours,
,, des crimes qui méritent la mort. Le
,, filence, ajoûte-t-elle, eft quelque-
,, fois plus fignificatif que tous les dif-
,, cours. Une forte reprimande convient
,, mieux pour ces cas-là, que l'accufa-
,, tion de crime de léze-Majefté, qui
,, eft toujours terrible, même à celui qui
,, fe trouve innocent ,,.

C'eft une Souveraine de quinze cens
lieues de pays qui s'exprime ainfi, &
qui écrit : *Nous nous faifons gloire de
dire que nous avons été crée pour notre
Peuple.* Elle fent que la feule accufation de léze-Majefté humaine eft terrible, & au-deffus de tous les difcours
les plus forts. N'auroit - elle pas fenti
combien celle de léze-Majefté divine
étoit encore plus terrible pour ces difcours ? Auroit - elle approuvé qu'on

donnât la torture au Chevalier de la
Barre , pour découvrir ſes complices ,
elle qui dit : ,, *Celui qui peut par la vio-*
,, *lence être porté à ſe charger lui-même ,*
,, *n'aura pas de ſcrupules d'en accuſer*
,, *d'autres. D'ailleurs, peut-on dire qu'il*
,, *ſoit juſte de tourmenter un homme pour*
,, *les crimes d'autrui ?* Le crime eſt cer-
,, tain où il ne l'eſt pas. Eſt-il certain ?
,, Il ne faut donc pas infliger d'autres
,, punitions au crime , que celles que
,, les Loix indiquent pour un tel for-
,, fait : par conſéquent la torture eſt
,, inutile. Mais ſi le crime eſt incertain ,
,, il ne faut donc pas donner la torture
,, par cette raiſon-là , puiſqu'il eſt in-
,, juſte de faire ſouffrir un innocent ; &
,, que , ſuivant les Loix , tout homme
,, eſt innocent , lorſqu'on n'a pas prouvé
,, ſon crime ,,.

Nous ajoûterons ici : pourquoi vouloir à toute force trouver des complices,
des coupables par la voie des monitoires
ou par celle des tortures ? en quoi des
diſcours inconnus bleſſent-ils l'ordre,
la ſociété ?

Comment , ſur la ſeule accuſation
d'avoir chanté deux chanſons licencieu-

fes, trois jeunes gens de familles au-
roient-ils pu paroître dans le cas d'être
décrétés de prise - de - corps pendant
treize mois, suivant ce Code Russe,
puisqu'il distingue entre *arrêter quel-*
qu'un, *le garder aux arrêts* pour qu'il
ne s'échappe pas, *le traiter avec autant*
de bonté qu'il est possible, & décider
l'affaire le plus promptement, & *le*
mettre en prison pour le punir; châtiment réservé pour les crimes reconnus
& prouvés.

C'est ainsi qu'en usoient les Romains,
nos maîtres. Ils se gardoient bien de
plonger d'abord dans un cachot infect
des gens d'une condition honorable,
qui avoient vécu jusque-là sans reproche, bien qu'ils fussent accusés de con-
jurations même contre la République :
on les donnoit en garde à quelque Magistrat. La sagesse de ces formes criminelles ne s'altéra qu'avec la consti-
tution de la République ; & le moment
où elles furent tout-à fait oubliées, est
l'instant où l'Empire abatardi languis-
soit sous le poids de la tyrannie.

Combien nos Législateurs Européens
sont loin des vûes philosophiques qui

ont diⱪé ces principes ! L'immortelle
Catherine se demande, *quelle eſt la
meſure de la grandeur des crimes?* Elle
répond : ,, Afin qu'une punition pro-
,, duiſe l'effet que l'on deſire, il ſuffira
,, que le mal qu'elle cauſe au criminel,
,, ſurpaſſe le bien ou le profit qu'il s'étoit
,, promis de tirer de ſa mauvaiſe action ;
,, & pour déterminer plus exaⱪement
,, de combien le mal ſurpaſſe le bien ,,
,, il faut mettre en ligne de compte la
,, certitude de la punition & la perte
,, des avantages qui ſont le fruit du
,, crime commis : toute ſévérité qui
,, paſſe ces limites, eſt inutile, & par-
,, conſéquent doit être regardée *comme*
,, *une tyrannie* ".

Ce ne ſont pas-là de petites phraſes
de nos Juriſconſultes gradués, qui *eſti-
ment* pour quelques écus ſervilement,
& d'après une douzaine de peſans Auteurs, d'après une Sentence, un Arrêt
qu'ils diſent rendus *dans l'eſpèce,* quel
doit être le Jugement qu'ils doivent
rendre. Quel fruit ſe promettoient les
jeunes gens d'Abbeville de leurs propos? Quel bien ces propos, ces impiétés devoient-elles leur procurer ſi

grand & si considérable, qu'il fallût les supplices les plus affreux pour le surpasser? Cela seul décideroit en Russie, si leur punition fut ou non la juste mesure du crime.

Etonnés enfin de ce que les délits contre la Religion n'entroient pour rien dans cette nouvelle instruction sur les loix de la Russie, nous n'avons trouvé que l'observation 204 qui nous paroît décider le genre de peine à infliger dans les cas où l'impiété & les outrages à la Religion auroient fait un scandale public. „ Celui qui trouble „ *ouvertement* le repos public; celui „ qui s'oppose aux loix; celui qui dé- „ range les moyens qui ont servi à „ réunir les hommes en société, & qui „ leur servent à se défendre les uns des „ autres; celui-là doit être banni de „ la société, & être regardé comme un „ membre qu'on a rejetté ". Ainsi avoit paru penser l'Inquisition de Rome, en condamnant à un bannissement de quinze ans, comme on l'a vu, le profanateur d'une hostie.

LETTRE

*Du Chevalier Baronnet de K***.
à Mylord H***.*

Le 15 Septembre 1766.

VOus avez lu, Mylord, l'hiſtoire
des Miſſions faites au Japon, à Siam,
au Tranquebar, &c. mais vous ne ſavez
ſûrement encore ce que c'eſt qu'une
Miſſion faite dans un Pays Catholique,
dans des Contrées où la foi eſt établie
depuis plus de quinze cens ans. Vous
ſerez curieux de l'apprendre : c'eſt une
des particularités les plus remarquables
que j'aie à vous raconter de mon voyage
de Londres à Paris.

Il eſt bon de vous dire d'abord, Mylord, qu'il y a des Provinces dans le
Royaume que je parcours, des Dio-
cèſes où les Miſſions ſont en uſage depuis long-tems, & qu'il y en a d'autres
où les Evêques en rejettent l'uſage, je
ne ſais pourquoi. Un des grands moyens

de ces Missions en général, est de peindre le grand Etre facilement offensé,
vengeur & irrité, de tenir les ames dans
un état continuel d'expiation & de remords, de mener les hommes au salut
par la frayeur des supplices éternels,
ce qui me paroît, en Religion, être le
même vice qu'on reproche aux Loix
civiles de certains pays, où les Institu-
teurs croient ne pouvoir en établir jamais d'assez cruelles pour contenir les
mœurs publiques. Bien des personnes
ici soutiennent qu'on ne peut ébranler
les esprits lourds & grossiers du peuple,
que par ces moyens ; mais pourquoi
l'ébranler, & lui procurer de ces se-
cousses violentes? Les Curés de France
voient la plûpart, avec déplaisir, des
Ouvriers Euangéliques appellés de fort
loin, pour travailler despotiquement
dans leur vigne ; venir imprimer la dé-
fiance de soi-même, les scrupules qui
s'attachent à tout, la désolation du
passé, l'inquiétude affreuse du présent,
la terreur générale de l'avenir à des
malheureux que leur condition rend
déja assez infortunés, & à qui une mo-
rale douce, humaine, & les loix bien

administrées, suffifent pour leur bonheur & celui de l'Etat qui les gouverne.

M. de Mach... Evêque d'Amiens, vint donc à Abbeville par la barque d'eau, au mois de Juillet dernier, avec une douzaine de Miffionnaires, la plûpart ex-Jéfuites. Si on en excepte deux à trois qui fe diftinguerent par le favoir de la Théologie & l'éloquence de la Chaire, mais fur-tout par une plus grande connoiffance du monde, les autres étoient de pauvres Prêtres groffiers. Deux des plus remarquables fe nommoient l'un *le petit Saint*; l'autre *le petit Jefus*. On ne les connoiffoit guere fous d'autres noms. L'ouverture de la Miffion fut annoncé la veille par le fon lugubre de toutes les cloches, comme le font les enterremens. L'Evêque débuta par un fermon. On apprit enfuite des Cantiques facrés dont le recueil imprimé chez l'Etranger, fe débitoit au profit des Miffionnaires. Les Corps invités voulurent bien affifter à une Proceffion générale qui n'eut rien d'extraordinaire. Mais quand cinq femaines furent paffées en Sermons, en Conférences, en Retraites & invitations aux Philofophes de la Ville de venir argumenter , avec promeffe de répondre à toutes leurs objections, l'Evêque d'Amiens crut devoir faire une feconde Proceffion générale où les Corps invités affifterent encore. On y vit alors un fpectacle fort ufité dans les troubles de la ligue en France ; mais dont l'idée s'étoit à-peu-près perdue depuis. Près de douze cens filles , toutes vêtues en blanc, & couvertes d'un voile qui leur cachoit le vifage, portant un cierge garni de fleurs à la main , pré-cédoient à cette Proceffion deux par deux , le Saint-Sacrement que portoient fix Prêtres dans un arc de triomphe décoré de la main de plufieurs Dames, & enrichi de leurs diamans & de leurs plumes, pofé fur un brancard d'écar-latte richement orné & écuffonné aux armes du Roi & de la Ville. Quelques jours après, arrivant la fête de l'Af-fomption où l'ufage d'une Proceffion générale eft établi dans toute la France, la même cérémonie fut répétée ; mais le nombre des Vierges vêtues en blanc, fut porté de 17 à 1800, & l'on dif-tingua un nombre confidérable de De-

moiſelles bien nées. Une bannière blanche portant l'image de la Ste. Vierge,
marchoit à leur tête. Il fût alors queſtion d'établir une Congrégation ou
Aſſociation ſous le nom de l'*Immaculée
Conception*, & de raſſembler toutes ces
filles ſous la bannière blanche qu'on
avoit vue à la Proceſſion. Les Statuts
en étoient rédigées. L'un de ces Statuts
portoit une obligation de fuir la compagnie des jeunes gens; l'autre de ne
jamais aller à la *Portelette*, promenade
agréable dans les dehors d'Abbeville,
où ſont quelques guinguettes fréquen-
tées par le peuple *. Les Magiſtrats
crurent devoir oppoſer à ce zèle les
Ordonnances du Royaume, qui défen-
doient les aſſociations ſous aucun pré-

---

* En n'aſſerviſſant les honnêtes femmes qu'à de
triſtes devoirs, dit J. J. Rouſſeau, on a banni du
mariage tout ce qui pouvoit le rendre agréable aux
hommes : à force d'outrer les devoirs, le Chriſtianiſ-
me les rend impraticables ; à force d'interdire aux
femmes le chant, la danſe & tous les amuſemens
du monde, il les rend mauſſades, grondeuſes, in-
ſupportables dans leurs maiſons. Mais où eſt-ce que
l'Evangile interdit aux femmes le chant & la danſe ?
Où eſt-ce qu'il les aſſervit à de triſtes devoirs ? Tout
au contraire, il y eſt parlé des devoirs des maris ; il
n'y eſt pas dit un mot de ceux des femmes, &c.

texte de Confrairie ou autrement, fans
une autorifation expreffe du Gouver-
nement. On propofa auffi, dit-on, de
faire porter une vraie tête de mort à
une fille pénitente vêtue en *Magdelaine* :
la Police crut devoir défendre la tête
de mort, qui lui parut être de trop ; &
au furplus, ni les Corps de la Ville, ni
les Religieux d'un Prieuré de la Ville,
ne furent invités, & n'affifterent à cette
troifième Proceffion générale. Elle dif-
féra des deux autres en plufieurs chofes.
Toutes les Vierges vêtues en blanc
& tous les affiftans porterent des croix
au lieu de cierges ; un Chrift neuf deftiné à être mis à la place d'un autre
vieux planté il y avoit plus de foixante
ans dans une femblable miffion, fut
porté fur un brancard par trente - fix
hommes du peuple, la plûpart vêtus
de noir, ayant une ferviette blanche
mife en forme d'écharpe fur l'épaule,
les cheveux épars, les jambes & pieds
nuds, avec une couronne d'épines fur
la tête. Ils étoient à genoux dans la
boue, en tems de pluie, fur ce même
pont où un Crucifix fut mutilé, portant
fur leurs épaules, dans un lit de parade,

le nouveau Crucifix qu'on alloit planter. Ce spectacle inattendu, dont la
scène étoit préparée à propos au détour
d'une rue, frappoit déja le peuple d'une
frayeur religieuse & salutaire. Un Mis-
sionnaire adaptoit quelques textes de
l'Evangile à cette situation, & les répé-
tant à haute voix, le frappoit encore
davantage. Six autres personnes, aussi
nues jambes & pieds nuds, les cheveux
épars, portoient des bannières. Une
fille vêtue d'une longue robe rouge
écarlatte & d'un grand manteau verd,
les cheveux aussi épars, représentoit la
Madelaine, tenant dans ses bras un
Crucifix sur lequel elle fixoit sa vûe sans
la détourner. Rien n'étoit, dit-on, si
touchant, que cette jeune personne
d'un figure agréable, connue pour avoir
été successivement tendre & dévote, &
dont l'air étoit abattu & totalement
pénétré. Je ne vous dirai rien, Mylord,
des Bourgeois, des Soldats sous les armes, des tambours, des violons, des
trompettes qui se mêloient au chant
des Cantiques Français, répétés par
cette multitude de dix-huit cens vierges qui formoient un tableau frappant.

Un Auteur Français a dit :

De la Religion les Myſtères terribles
D'ornemens égayés ne font pas fufceptibles.

La Proceſſion s'eſt terminée par brûler quelques Livres Français, comme
les Œuvres de Jean-Jacques Rouſſeau,
de M. de Voltaire; l'Hiſtoire philoſo-
phique des deux Indes, de l'Abbé Ray-
nal, obtenus des particuliers par la
voie du tribunal de la Pénitence. Un
des valets de l'Evêque d'Amiens s'en
eſt rendu l'exécuteur en ſa préſence,
pendant que le Prélat béniſſoit toutes
les croix des aſſiſtans. Mais cette clô-
ture de la Miſſion ne l'a pas terminée.
Pendant quinze jours de ſuite, après le
départ des Miſſionnaires, le peuple
s'aſſembloit le ſoir par Paroiſſes, &
marchoit en proceſſion, une croix à ſa
tête portée, comme ci-devant, par un
homme pieds nuds & les cheveux épars,
accompagné de deux autres dans le
même ajuſtement, comme pour repréſenter les deux larrons. Ils reſſem-
bloient en effet à des criminels qu'on
mène au ſupplice, & qui, les mains
jointes, fixent honteuſement le regard

en terre. Des Bourgeois prenoient les armes d'eux-mêmes pour les accompagner & faire régner l'ordre. Toutes ces processions sans Clergé, se prolongeoient fort avant dans la nuit, & passé minuit quelquefois. Elles se croisoient de Crucifix en Crucifix, où elles faisoient leurs stations. La lueur des torches à la faveur desquelles elles marchoient, éclairoit toute la Ville qui en même-tems rétentissoit de leurs chants lamentables, *Parce, Domine, parce populo tuo*, & de Cantiques lugubres répétés par des multitudes de femmes. Le peuple passe si aisément de la dévotion à la superstition, & de la paix au tumulte, que la Police d'Abbeville, après avoir en vain interposé doucement son autorité auprès du Clergé de ces Paroisses, s'est vue obligée enfin de faire défendre à cri public ces attroupemens & ces processions.

F I N.

www.ingramcontent.com/pod-product-compliance
Lightning Source LLC
Chambersburg PA
CBHW070559100426
42744CB00006B/338